骨重顏蒼老神寒
氣不華年年人踏雪
幾但識梅花隱處
朱壺山尋梅詩

薛钜夫 著

國醫薛培基

中国友谊出版公司

图书在版编目（CIP）数据

国医薛培基 / 薛钜夫著 . — 北京 : 中国友谊出版公司, 2016.8
　　ISBN 978-7-5057-3811-9

Ⅰ . ①国… Ⅱ . ①薛… Ⅲ . ①薛培基—传记 Ⅳ . ① K826.2

中国版本图书馆 CIP 数据核字（2016）第 191726 号

书名	国医薛培基
作者	薛钜夫
出版	中国友谊出版公司
发行	中国友谊出版公司
经销	新华书店
印刷	三河市华晨印务有限公司
规格	787×1092 毫米　16 开
	19.25 印张　224 千字
版次	2016 年 9 月第 1 版
印次	2016 年 9 月第 1 次印刷
书号	ISBN 978-7-5057-3811-9
定价	68.00 元
地址	北京市朝阳区西坝河南里 17 号楼
邮编	100028
电话	（010）64668676

纸间寸心
试报慈严三春晖
谨以此书敬献我的双亲

本书作者　薛钜大先生

目录

- 001　序一　施小墨
- 003　序二　王道瑞
- 005　序三　祝肇刚
- 006　前言　有温度的平常事

一、启蒙：五岁拜师罗复堪先生

- 002　初露嗜书天资
- 005　制衣结缘章草名家
- 007　五岁正式拜师罗复堪先生
- 011　临帖入其造化
- 013　受教，养成"每事问"的习惯
- 014　潞河教会学校的旁听生
- 018　品学兼优却无奈退学

二、问学：开启学医之路

- 020　学医之路从育和堂开始
- 023　学徒进了门，修行在个人
- 028　问学第二位先生——六姥爷

031　医药兼修的学习生涯

034　惜别恩师，获赠墨宝

038　舅公倾情教诲八载

044　求学深造，幸得亲众支持

050　入读辅仁大学预科

054　老郎和小郎的中德趣话

056　亦苦亦甜的大学生活

059　医史兼修的命运安排

三、师医：正式拜师施今墨先生

064　就读华北国医学院，侍诊名家

069　择精取要学习法

071　大处着眼，细微处落目

073　正式拜师施今墨先生

四、恩遇：一人多师之路

078　一人多师之路

080　拜朱壶山师父磕了两次头

086　德术参修的施今墨先生

089　达儒明医朱壶山老师

093　与安斡青老师形影不离

095　张文修先生艺授《傅青主女科》

目录

099 　治急性热病的方家——富雪厂和杨绳武二师

103 　和张孝骞老师学西医

109 　多师教诲，受益一生

五、学养：诗书画医同参

114 　书画缘起：忘年之交巧牵线

119 　观画展，悟文人医学之道

124 　为徐悲鸿之子看病，牵出医画之交

127 　亲见张大千作画，缔结艺术妙缘

129 　北平文化界师友祝贺诊所开业

134 　诗书画医相通的参合思维

六、治学：平生脉学是一绝

142 　师门手足：祝谌予先生

146 　祝师授秘方，同治骨结核

151 　深究病史治愈"胎里惊"

153 　不是观音常"送子"

155 　一根针，一把草，治好急性热病

161 　平生脉学是一绝

165 　溶血基因催生出的治血病专长

168 　巧治老舅的肠梗阻

173 　化繁为简的专业自信

七、浮沉：最大的打击是书没了

181 　一句话被打成"右派"

185 　衙门村的后四十年

187 　心随境转的"讲究"和"简便"

193 　最大的打击是书没了

八、良人：不抱怨的人生

198 　不抱怨的人生

201 　父亲说，众生皆有慧性

203 　抄书十二载，记忆力惊人

206 　一生读书笔记上千册

208 　求知所得，如药如粮

211 　顺义行医二十年从未收费

九、血脉：深情的怀念

216 　永恒的安详

222 　亦父亦师亦友

231 　甘心顺受的母亲

245 　诉不尽二十载父女情

250 　从其一生，平处其世

258 　请时间停在那个早上

263 　附录：人生的边上

序一

施小墨

《国医薛培基》是北京杏园金方国医医院薛钜夫院长,为其父薛培基先生诞辰一百周年写的一本纪念册。

俗话说:"知子莫如父。"也可以反过来讲,"知父莫如子吧"。洋洋数十万字的一本书,记录了我的师兄薛培基先生坎坷的一生、传奇的一生、不平凡的一生。全书章节立意清晰、文字雅典、配图珍贵、夹叙夹议。一本纪念回忆录,不但能吸引人、教育人、鼓舞人,而且读后令人震惊、令人心动、令人感慨、令人奋进,这就是一本值得一读的好书。

一九五七年培基师兄被打成"右派",并被遣送回老家顺义农村改造。在当年严酷的政治环境下,他甘愿独自一人在农村艰苦奋斗,也不愿给同门师兄弟带来麻烦,更何况我这位与他相差三十岁的小师弟。

读过《国医薛培基》,我才知晓:原来先父与历史学家陈垣先生是好朋友。培基师兄先拜陈老为师,而后经陈老介绍成为我父亲施今墨的入室弟子。

读过《国医薛培基》,我才知晓:培基师兄不仅通晓中医,而且还跟从协和医院著名的张孝骞教授学习过西医。令人惊诧的是,中间牵线的红娘,竟是先父。

读过《国医薛培基》,我才知晓:培基师兄不仅医术惊人,而且有极高的文史和书画修养。他自幼拜书法大家罗复堪为师,后与寿石工、于非庵、叶浅予、张伯英等书画名家都有交往。书中还记录了他曾经在徐悲鸿先生家观看张大千大师作画的难得经历。

读过《国医薛培基》，我才知晓：培基师兄有过人的记忆力，他曾单凭记忆把被抄走的医书，用毛笔抄写了几十万字，对《伤寒论》《金匮要略》《神农本草经》《傅青主女科》《血证论》这五部书可以全本默写。对《张氏医通》一书有读书笔记63本。

读过《国医薛培基》，我才知晓：薛师兄身在农村诊病二十年，却未收一分诊费，而且他还总结出上百个"简、便、廉、验"的小方。

他能把诗、书、画、医联系到一起，临床时参合思维，诊病时考虑到农村病人的经济条件，尽量针药结合，一根针，一把草，治大病。他为后学者树立了一个实实在在的楷模。

《国医薛培基》一书，不仅记录了父子之爱、父子深情，而且传承了中华民族的优良家风和优良传统。这就是中华魂！

丙申年六月二十五日

序二

王道瑞

值薛培基老先生百年诞辰的纪念会之机，钜夫赠与我《国医薛培基》一书，读后颇有所感。

薛老多半生是在顺义度过，我虽也是顺义人，但在二十七年前，从事医学教育的我也未能有机会亲自拜访和结识薛老，至今日想起仍觉是一件憾事。

《国医薛培基》乃薛钜夫先生全家生活的真实笔录，追忆先父一生业绩，栩栩如生。通过这本书，可以看到一位活生生的老人的一生轨迹，仿佛又浮现在我们面前，此情此景实难可贵。所以我们应该感谢薛钜夫先生及全家的良苦用心。

我读过这本书后，有三方面的感受颇深：

第一，薛老一世诚朴正直，襟怀坦荡。无论从年幼时念书，还是学徒开始到学医，直到遭受劫难，薛老一生可以说是"君子之风不移"，一身正气，坦坦荡荡。

第二，薛老一世勤奋善学，手不释卷。见证了"行万里路，读万卷书"这句话。薛老一辈子勤奋善学，幼年拜名师、投良友，勤学、善学、谦虚、聪颖、朴实为人，印象深刻。值得我们大家学习和尊敬。

第三，薛老一世以医为本，技艺精湛，德艺双馨。他多年处于逆境而医业不衰。以简、便、廉、验治大病、治难病而著称。用今天的话说，薛老堪称"良医上工"。

他一生朴实无华，这一辈子不容易，也不简单。逆境中虽身心与大志受挫，但从未泯灭的是闪光的淳朴之风！薛老是挺直的、高大的、令人尊敬的！

所以我觉得薛老一生可以用这样几个字概括：儒医一生追仲景，逆境半生守朴身！

丙申年六月二十八日

序三

　　人不能选择自己生活的年代，就跟不能选择自己的父母一样。人的命运是和他生活的社会大环境息息相关。

　　以上我对命运的理解，也是受了薛伯伯坎坷一生的启迪。钜夫写的《国医 薛培基》告诉了我许多以前不知道的往事，我也被薛伯伯的经历深深感动。鲁迅说："我行适我素。"就是坚持按照自己认定的道路去做。令我敬佩的就是薛伯伯面对旁人难以忍受的磨难，"安之若素"。在当时那么困苦的条件下，薛伯伯不做无谓的抗争，而是顺应时运，在为农民患者诊治中找寻乐趣，在抄书背诵医学经典中与古人交流，在顺义农村与家人相处中享受亲情，心境平和而充实，由此我们可以看到老人的包容和他的坚毅。时来运转，薛伯伯终于可以堂堂正正地为群众看病，平平静静地安享晚年。

　　纪念逝者，是为了警示生者，我的学生读了这本书落泪了，说明了书中的真情感人。我也从中受益，有所感悟，愿与大家共享。

丙申年七月初一

前言

有温度的平常事

　　我的蒙师，是一位长我四十岁的老人。他慈严、平和，从未讲过数学、语文等课本知识，只是给我说些他曾经历过的"平常事"。这些"平常事"经他和缓声音的传递，有趣味，有温度，更有着光阴的徘徊。仿佛一阵风吹过，天地人心就清清朗朗地呈现在了我的眼前。每天，年幼的我总爱早早搬出两个小凳，我坐一个，也给老人家准备好一个，只盼日落月升，继续听故事后边还没有讲到的故事……

　　老人是位医生，他身材单薄，布衣素朴，平日话不多，清眸常蕴笑意，喜做人群中的听者。他眼中，人人皆有佳处，即便面对智障者，他也会说"这人身体很好，待人很忠厚，从不与别人计较什么……"他终年素食简餐，常念人好处已成了护生的本能。

　　老人八十岁生日那天，我曾问他："您平生最喜欢什么？"那一天他很高兴，笑着告诉我："我的一生充满了戏剧性，最喜欢的事就是读书学习和给别人看病。"说到读书学习，在前半生，命运给予了足够的眷顾，让他遇到了比一般人难得的好机缘，受享良师益友无尽恩泽。为人看病，就没有读书学习那样的幸运了。他却将此当作人生的考验，凭着隽永的智慧得到了"人生中的无奈，可以使自己浮华的虚知在不得已中自然沉淀，而别有一番滋味"的体悟。苏轼词中之"莫听穿林打叶声，何妨吟啸且徐行。竹杖芒鞋轻胜马，谁怕？一蓑烟雨任平生。"正是他人生态度的写照。

我十几岁的时候，被他老人家从未重复过的精彩故事吸引着，他的"宝藏"好像永远也淘不完；当我到了二十几岁的时候，发现他也有很多不知道的东西；三十岁的时候，感觉到有很多我知道的，他已经不知道了；等到四十岁的时候，才发现凡是我做错的事，都是因为没有按照他教我的而行；五十岁时，有了困惑，想去问他，他已经不在了；如今六十岁了，蓦然发现，我越来越像他，他的那些故事，一直在影响着我，甚至又在我的身上重演。

有一位年轻医生问我："您和老先生比，谁的医术更高？"说实话，我没有想过这个问题。因为每当自己束手无策时，总能在回忆老人的作为和他留下的文字中寻求到方法和启示，并尽得豁然开朗的快意。然而，这个问题却令我在长久省思后有了答案：

我只有一点比这位老人幸运，就是自1969年学医至今四十余年，不论跟师侍诊，抑或独立诊病，始终没有脱离临床。而他却在命运风波的冲击下，不得不数番搁置其爱。在漫长的从医生涯中，我的每一点收获，无不源于他的呵护和引领。可不论是中西医学参合的诊断水平，还是治疗效果屡现的精彩，现在的我仍未企及他的境界。尤其是他反复强调要记住的那句话："凡事都应在大处着眼，细微处落目"，至今还未能养成习惯。只是如入宝山，隐约刚在"欲臻此境，先尊其德性"的一点上开悟，而在躬行中去觉知更精微的窍要尚需长久地修习。

我听这位老人讲了四十多年的故事，受了太多的濡养。他却从来没有要求我去为他做些什么，只是不停地给予，并且从不计较我的过失。不管我是否在意，他总是不倦地提醒我应做哪些事，不应做哪些事，任我领受纯然沛然的恩惠。

老人生前逢年过节，或遇到高兴事，常絮絮而语："今日幸福生活，都是先人恩泽。"他虽然走了，但我和家人都有一个共同的感觉——老人家始终都在。音容历历，至今牵动每个人追念往昔的心怀。当我的两个孩子像我当年渴盼老人家讲述故事一样，也希望我能把过去的事情写一写时，愈勾起了我"晚云收，淡天一片琉璃"之际静听"平常事"的遥远思绪。

房前的老树清荫下，我掬起这位老人在人生涟漪中持炼的甘露，化润成这章婆娑文字，以延续生命之悲欣交集的启示，更表达对他清尊素影、长愿相随的无限追思。

老人家，一辈子澄澈并活出了自己。他是我的父亲。

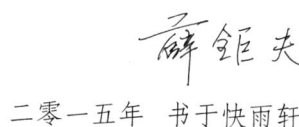

二零一五年　书于快雨轩

一、启蒙
五岁拜师罗复堪先生

隔着时空的帐幔

瞻望十六岁时的父亲

一心向学的少年

默领志向未得成全的苦难

初露嗜书天资

我的祖父薛新一是京城八大祥之一"谦祥益"主管门店业务的掌柜。因其对服装裁剪制作有着超人的天赋和勤奋,所以在当时绸缎业有很高的声誉。祖母朱氏系浙江绍兴人,至老夫人这一代,家中男性已七代从事医药行业,我的舅公朱佩经先生(祖母的弟弟)是北京顺义家喻户晓的名医。

我的祖父有两个儿子,我的大伯长父亲五岁。大伯不太喜欢读书,从小就喜欢动手做手工,家中的钟表和一些常用工具都被大伯小时候拆装过。所以他的手很巧,以致于后来只要电器、钟表、小孩的玩具经过他的手后,都能增加新功能。大伯读书不多,后来去做工了,从事新时代女性的坤鞋制作。大伯和父亲关系一直和睦,据父亲讲,他们兄弟二人一生从未吵过架。

我的父亲名叫薛荣瑞,号培基,字辑五。1915年农历五月十七日出生在北京和平门琉璃厂东街东北园胡同,一个普通的小院里。据祖母讲,父亲出生满周岁那天,祖父在床上摆放了算盘、农具模型和一本绘图《幼学琼林》的故事书等,看父亲先取哪一个,以此判断孩子将来可能的人生方向。父亲首先把故事书抓在手中,不知是巧合还是灵验,父亲后来真的成了一生嗜书如命的人。

由于父亲性格安静,祖父希望这个儿子将来能够学业有成,所以在父亲两岁刚会说话的时候,祖父就开始教他背诵《三字经》《百家姓》等小书。由于祖父引导有方,加之父亲极有读书天赋,且记性很好,所以前一天祖父教过的几句,父亲第二天基本就可以背诵。

一、启蒙：五岁拜师罗复堪先生

祖父写一手漂亮的毛笔字，闲暇时经常会在家抄写一些名言警句，有时还为别人代写书信。他曾自己编写一部《通俗新尺牍》，至今家中保存着手稿原件。可能是看到祖父经常写毛笔字，所以父亲四岁时，出于小孩好奇的天性，就要求祖父教他写字。常言道：榜样的力量是无穷的。这的确是至理名言，父亲对祖父的一举一动、一言一行都看在眼里，记在心上，并模仿去做，以致后来养成抄写古籍的终生习惯。

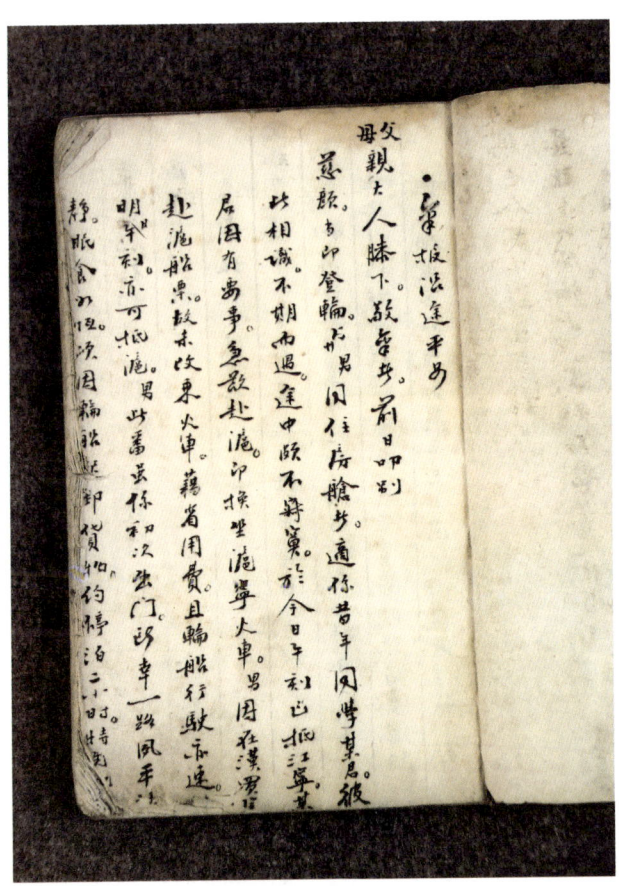

祖父薛新一先生手书《通俗新尺牍》（此图为内页）

我11岁时(1965年)为祖父薛新一所画素描像

我的祖母朱氏(70岁)照片

一、启蒙：五岁拜师罗复堪先生

制衣结缘章草名家

由于父亲沉静的性格，从小较同龄人更受长辈喜爱。祖父的挚友，荣宝斋掌柜王仁山先生，常来家中和祖父叙谈喝茶。当两位前辈谈话聊天时，五岁的父亲总是坐在一旁静静地听着。当客人走后，父亲又总会向祖父问一些当时没有听懂的话。

1919年夏天的一个晚上，王仁山先生来家中做客，对我祖父说："新一，我给你介绍一位朋友。这个朋友是广东人，学问很好，在穿衣服上很讲究。我已把你的情况介绍给他（当时文化界的很多名人都请祖父选料做衣服）。他非常愿意和你结识一下，我想和你约个时间，我们一起见个面。"祖父说："好啊，时间地点你来定。"就这样，第二天王仁山先生来电话告诉祖父，五天后的下午在荣宝斋喝茶。

祖父是一个很细心的人，在和这位新朋友见面之前，先向王仁山先生详细询问了其人的性格、爱好等，并且事先选了一块上好的布料。双方见面后互相做了自我介绍。当祖父听说此人就是他仰慕已久的章草名家罗复堪[①]先生时，兴奋地说："能够结识您，我太高兴了，早就听说您的大名，没想到能有机会和您一起喝茶。"罗先生告诉祖父："我是从堂兄（著名的剧作家

---

① 罗复堪（1872—1955），名惇，广东大良（顺德）人。
早年与堂兄罗瘿公从康有为受业，后肄业于京师译学馆。民国初年在财政部泉币司供职，铸有袁世凯头像的银币"壹圆"二字即出其手笔。后长期在北京艺专和北京大学文学院讲授书法。新中国成立后为中央文史馆员。擅长章草。著有《三山簃诗存》《三山簃学诗浅说》《书法论略》等。

罗瘿公先生，瘿公先生不仅自己和家人请祖父给做衣服，他的一些亲朋好友也都是祖父的客户）那儿知道您的，他说您做衣服不用量，只要用眼一看就可以裁剪。"这时坐在一旁的王仁山先生补充说："是啊，新一这一手就是厉害，只要让他看到您站、坐、走的姿势，他就可以为您做出合身的衣服。"

[我的插话]

祖父在量体裁衣上下过很深的功夫。他在学徒时期便不满足于光在本店学，还常到其他名店看老师傅在为客人量身时最注重哪些部位和环节。后来他发现大多数服装师只重视站姿尺寸，结果做出的衣服在站直的情况下还算合身，等人走起路来或坐下，衣服就常有不合身之处。为此，祖父不管是店中来往的客人，还是在公共场合，都很注意观察人与衣。

命运的巧遇，让祖父结识了上海一家戏班的服装师，祖父从这位戏班服装师那里学了很多关于服装的常识和技能。

这位师傅告诉祖父：做戏装是最难的，因演员在舞台上的各种动作和演员自身的条件、所扮角色等，每一细节都有极为讲究的要求，做出的衣服才能适合不同形体状态下的人。所以能做好戏装的人，做日常服装的手艺一定出类拔萃。

祖父为练好手艺，曾专程前往上海拜访这位师傅并学习制衣技巧。也是在他的引荐下，祖父在京城梨园界结识了很多朋友，经常有机会观摩戏装的制作过程，从那里得到一些名家的身材信息资料。由于年轻好学加之天赋，祖父二十七岁就是梨园界、文化界知名的服装技师了，谦祥益也因祖父的名声而增加了可观的业务量。

一、启蒙：五岁拜师罗复堪先生

五岁正式拜师罗复堪先生

人的缘分有时很奇妙，罗先生长祖父十五岁，祖父十分倾慕先生的广博学问，以师友相从。却不想，由于祖父与罗先生的渊源，五岁的父亲得了一位人生中重要的恩师。

罗复堪先生是广东顺德人，生于同治十三年。自幼喜习书法，是罗瘿公的叔伯兄弟，而且同是"万木草堂"康有为先生的弟子。早年就读于广雅书院、京师大学堂译学馆，在和祖父认识时，任国立北平艺专书法教授。罗先生书法以章草见长，笔力瘦硬，和他刚正不阿的性格相辉映。罗先生认为，书法的功力应建立在渊博的文学与道德修养之上。

祖父在与罗先生的交往过程中发现，他俩有一个共同的朋友圈，所以经常在同一场合不期而遇。祖父每次和这些朋友聚会都喜欢带上父亲，时间一久，父亲和这些长辈也都很熟了。在祖父的教导下，父亲经常为他们端茶点烟，所以这些大人们很喜爱他。父亲小小年纪却总是喜欢听大人聊天。有一次，这些老朋友聊得正开心，大家笑得前仰后合，罗先生看父亲静静站在那儿，面带思考状，好像不太明白这些人为何发笑。他心想一个五岁的小孩，能这么安静地听大人说话，还真是很特别。这时罗先生拉了一下王仁山先生，示意他把目光转向父亲。仁山先生见状，也感到这个孩子很有意思，于是招手让父亲过去。父亲见王伯伯招呼他，就跑过去了。仁山先生抚摸着父亲的头对罗先生说："这小家伙可有意思了。"然后低头对父亲说："你给他们背几首千家诗好吗？"小孩总是希望有机会向人展示，所以当王伯伯让他背诗时，自然是很高兴"显摆"一下，于是抬头问祖父背哪一首，祖父做了一个手势，父亲会意地背了起来："日照香炉生紫……"只见他面带表情，手势伴舞，绘声绘色，一心专注在自我世界中，完全不知道是在这么多文化大家面前"显摆"。只见这些大人们，也随着这个小孩的神情面带微笑摇头晃脑起来……可能是王仁山先生经常到家里去，比较了解父亲，于是又向大家介绍说："这小家伙还会吟诵呢。"父亲听完也没等大人要求，就主动吟诵了起来。

这时大家的话题一下子转移到父亲身上了。当时在场的人有罗复堪、王仁山、南庆仁堂掌柜郭辑五，还有画家汪吉麟。郭辑五快人快语，对祖父说："以后这小孩我带走了。"说着把父亲抱起来，亲了一下。父亲见大家都在谈论他，一点也不紧张，虽然不太明白大家在说什么，但知道都是在表扬他，所以很得意。这时罗先生对祖父说："我每天下午学校都没有课，新一如果舍得，就让小荣瑞（父亲的原名）到我家里去玩吧，给我做个小书童，我太喜欢他了。"还没等祖父说话，王仁山好像想起了什么，就插话道："我看行，正好这孩子也该上学了（当时是1920年秋天，父亲五岁），就让罗先生做孩子的蒙师吧。"这时大家都很赞成仁山先生的提议，郭辑五拉了一下祖父："新一，还不趁着我们大家在，赶紧让孩子给罗先生磕头。"罗先生本来是出于喜欢孩子随口一说，没想到王仁山一语点题，引出一位小弟子，虽是突然，却也没有拒绝，加上郭辑五已把祖父给拉了过来。

祖父这时又高兴又有些难为情——倒不是祖父不愿意，只是担心罗先生为难。因为当时罗复堪先生已是文化界名人了，怎么可能让人家教这样一个小孩子呢？王仁山看出了祖父的心思，就低声问罗先生意见。罗先生告诉仁山："我倒没什么，只是别耽误了人家孩子。"仁山明白了，就对祖

一、启蒙：五岁拜师罗复堪先生

父说："复堪的主我做了，新一就不用客气了，择日不如撞日，如果大家有时间，今晚我做东，就算孩子拜师了。"在场诸位都表示赞同。就这样，罗复堪先生成了父亲的蒙师。

[我的插话]

父亲在随罗先生学习之始，先认写祖父教过的《三字经》《百家姓》《千字文》《名贤集》等。因为这几本小书父亲只会背，并不会写，也不会认。罗先生认为，小孩最初学写字，目的是让天真好动的幼龄小孩能"坐得住"。所以小孩在认写阶段必须有老师陪伴在侧，每写完一个字，都要用小孩能听懂的话予以鼓励，让小孩有兴趣、有信心接着学。每节课以二十至三十分钟为宜，不能时间太长，否则孩子容易产生厌倦情绪。罗先生对父亲沉静的性格培养尤为注意，常言道：扎实而活泼的学问，起源于扎实的基本功，基本功的扎实，是成于少年养成的沉静而不失活泼的习惯。父亲五至七岁的两年，都是用石笔和铅笔学写字的，每次均是抄写学过的课文：先在石板上用石笔写，写两遍后，再用铅笔抄写在纸本上。

据父亲讲，他用的本子从来没有买现成的，罗先生都是让祖母在家用废报纸（旧时报纸单面字）或废纸装订的。一直到父亲去华北国医学院读书，他的读书笔记仍然坚持这一节俭的习惯。罗先生力倡培养孩子锲而不舍和勤学苦练的品质，他说："人只有具备好的品质，方可成就上乘的学问。"父亲受先生的影响，一生都在秉承老师这一主张，直至晚年，都是苦与恒相伴。

罗复堪先生赠与父亲的亲笔书画

临帖入其造化

在罗先生的指导下，父亲七岁开始临帖。一般小孩初学毛笔字，多从描红模字，仿影入手，罗先生则认为不能让孩子从小养成依靠别人的习惯。所以父亲从小临帖，而不是描红。而且，罗先生在父亲每临一部帖之前，都会先讲帖中内容的故事和书帖作者的介绍，让父亲带着好奇和情感去临写。先生常说："学写其字，必须要先了解其人，方可进入其造化。"

据父亲后来回忆说："这一年临写字帖是从小楷入手的，罗先生说写字的目的是为日常学习所用，小楷日常实用价值最高，读书写字要融入日常生活中，才能习惯成自然。久而久之，方可形成浑朴的大美。"罗先生讲："读万卷书，是为行万里路，把书中的知识化成人生中的智慧。要想在行万里路途中不迷失方向，必须先从了解历史入手，以史为鉴。"

所以在父亲八岁那年始，罗先生每天为父亲讲一个历史故事，而且，听完故事，先生还必将故事出处的原文让父亲阅读一遍。如此教育，是为了培养父亲把生活中的体悟化成文字的能力。父亲说，当时罗先生所讲的故事均出自《史记》，所以父亲日后对历史产生深厚兴趣，拜辅仁大学的陈垣先生为师学历史，与罗先生的启蒙教育不无关系。

国医薛培基

培基仁兄先生雅正

脉影再瞻孤洞有堂像尔老气同

烟来篆浮篆水沉炉春远露兼鲜

燕堂七十叟罗复堪

罗复堪先生手书联语

一、启蒙：五岁拜师罗复堪先生

受教，养成"每事问"的习惯

在父亲八岁至十一岁时，罗先生将《史记》中可用故事形式讲述的篇幅基本讲完了，还有一些虽未讲解，但也要求父亲一定要诵读。当时的学习经过是这样的：对书中的一些生字、难懂的字和生词，先生要求父亲先查字典、辞源等工具书，如还不能弄清楚，才可以问先生，先生再给予贯穿解答。罗先生的这种教育方法和当时的私塾先生有着明显的不同——这样做的目的是为了培养孩子自学和主动学习的能力。因为那时父亲是每天下午去先生家听课学习，上午在家自习，在家自习的内容都是先生给事先安排好的。

后来罗先生对祖父说："我教荣瑞的知识很少，基本上都是在教他养成一些习惯，我给他讲的知识大多都是他向我提出的问题，我做一些简单的解释。这孩子聪明，很会提问题，一点就通，我最得意他的就是他'每事问'的习惯。"罗先生对父亲的这一评价，与二十年后他的师兄祝谌予[①]先生给予的评价是一样的。

---

① 祝谌予（1914—1999），亦名慎余，施今墨先生得意弟子，后为其长婿和学术思想传承人。

国医薛培基

潞河教会学校的旁听生

1927年,是父亲跟从罗先生学习的第七个年头。罗先生对祖父讲:"新一,我想和你商量点儿事:荣瑞这孩子学习天赋好,又沉静,为了孩子的前程,我建议应该接受学校的系统教育,多学些新的知识。社会在不断进步发展,培养孩子能符合时代的需求很重要。我有一位朋友在潞河中学教书,我可以介绍孩子去那儿读书。"祖父听后很高兴,但不无担心地问罗先生:"先生说得对,但我听说潞河中学是教会学校,有很多外国的东西,这孩子能适应得了吗?如果学习跟不上,那岂不丢您的脸面?"罗先生笑了:"新一多虑了,关于学校教育的基础课,孩子现在已经学得很扎实,一开始我只是给他讲些传统知识,练写一些硬笔、毛笔字,后来我托朋友借了汇文小学的课本,试着教他学习。我发现他学习兴趣特别浓,我就采取新知识和历史故事穿插讲述的方法,这孩子不仅听课认真,而且喜欢思考,善于发现问题、提出问题,他所提的问题似乎超出同龄小孩儿的思考能力很多。这孩子脑子极为清楚,教多少,学多少,我是觉得已经喂不饱他了,所以才向您提出让孩子去潞河读书。"

祖父听后喜形于色,很感激地说:"先生过奖了,这些都是您用心血教育出来的,实在不知道该怎么报答您。"罗先生对祖父讲:"说实话我对孩子只是顺其天性做了一点引导而已,我不太喜欢那种灌输式教育,也没有拿他当学生,只是把他当成一个小忘年交的朋友了,所以我俩相处都很愉快。"先生的话虽然是出于客气,但在心里也确实把父亲当成小朋友了。

到了他晚年的时候，先生赠给父亲的书画作品均是以朋友称谓题款的。

罗先生接着对祖父讲："如果您同意的话，我可以和潞河中学的老师讲一下，先让孩子在初中一年级旁听，如果孩子能跟上，第二年再参加入学考试，但旁听也是要付学费的。"祖父听后，兴奋地说："太好了，先生为孩子如此费心，只要他能跟上，花多少钱我都愿意（据说当时学费还是很高的）。"说着，祖父站起身来，再三向先生致谢。

那年春节过后的一天，祖父带着父亲去给罗先生拜年，罗先生对祖父说："孩子就要上学了，我也没什么可送给他的。"说着将一个半旧的鹿皮书包递给祖父，转身对父亲说："本来想买个新包送给你，正好在家里找到我小时候读书用过的这个包。我看还能用，你先将就着，这样还可物尽其用，能节约就节约一点，你父亲供你读书不容易，养成节约的习惯，也是一种财富。"祖父接过包后，觉得包很重，打开一看，里面装着书、本、笔、墨、砚，还有几支铅笔。看到这些，祖父感动的心情溢于言表，紧紧握住罗先生的手，连声说："谢谢先生，谢谢先生。"罗先生笑了："新一怎么还跟我客气起来了，书是我让朋友从学校高年级同学那儿借的，让孩子给人家保护好，到时要还人家的，非正式学生没有新书可买。本儿是用我用过的废纸和旧报纸订的，不影响用背面写字。"

父亲在一旁听着两位前辈的对话，眼睛随着他们的谈话不停地调转视线，身体下意识地给罗老师鞠躬致谢。两位老人看见父亲的样子，不约而同地用手抚摸父亲的头和肩膀，露出了满意的笑容。后来父亲常对我说这样一句话：一日为师，终生为父，师恩无尽，禀承相报。人们常说，小时养成的习惯，会影响一生。真是这样，父亲后来读书直至华北国医学院毕业，除作业本需上交外，练习本、笔记本一直都用废纸、旧报纸装订使用。

[我的插话]

在潞河学校读书,旁听生不能解决住宿,祖父把父亲安排在通州的一个远房伯父家住下。父亲每天放学后回到家里,就会帮伯母打扫家里卫生,做些家务活儿。伯母做饭时,父亲就在一旁仔细观察,时间久了,就模仿着做。后来父亲能做一手好菜,而且动作利落、娴熟优美。我小时常对母亲说:"您做的饭不如爸爸做的好吃。"母亲听后总是笑着说:"那你好好学吧,长大也像你爸爸一样,做一手好饭,我就更轻松了。"我果真如母亲所言,受父亲影响,在读小学时就能做些简单的饭菜了。

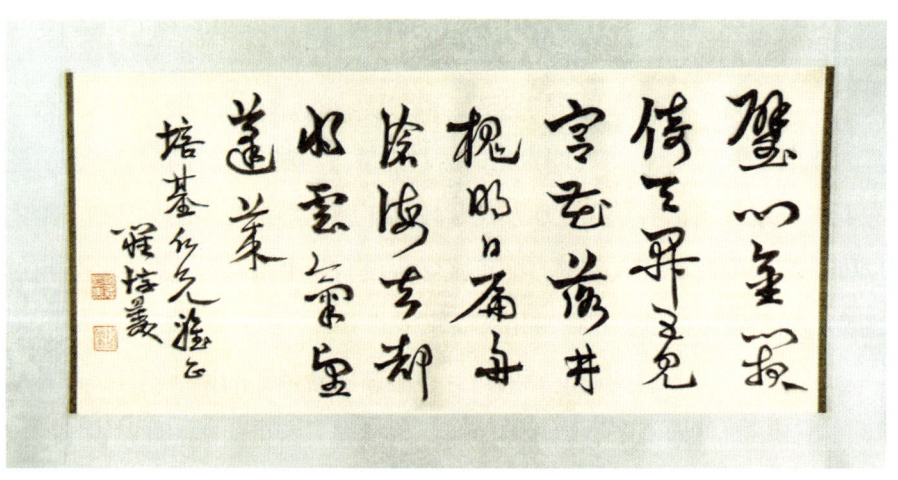

罗复堪先生赠与父亲的亲笔书法作品

一、启蒙：五岁拜师罗复堪先生

父亲离开北京四中去育和堂之前（1931年）留影

品学兼优却无奈退学

父亲在潞河中学读书一年后，班上的老师和同学都很喜欢这个编外生，后经班主任向校方请示，同意父亲参加期末考试，若考试及格，可以破格升入二年级。出人意料的是，父亲不仅考试及格，而且考试成绩还位列全班二十一人中的第三名。父亲回京后将这一喜讯告诉了祖父和罗老师，罗先生听后，风趣地对祖父说："我的学生，我心里最清楚，这也叫知弟子莫如师吧。"就这样，父亲由旁听生转为正式生，升入初中二年级，他是当时唯一由旁听生转为正式生的学生。

父亲潞河中学初中毕业后，以优异的成绩，加之校方保荐到北京四中读高中。但不幸的是，就在父亲高中二年级刚开学时，祖父生病在家，家中的经济状况日下，无力继续供养父亲读书，不得不中途退学。这在当时对一个品学兼优年仅十六岁的孩子来说，其打击和影响是可想而知的。

二、问学
开启学医之路

俯首命运的起承转合

历变迁而持一念

为光所照

其心湛然

学医之路从育和堂开始

有时人的转变是很奇妙的，偶然的一句话，一个场景，就可以触发新的灵感，对一件事或一种愿望产生根本的转变。

父亲离开北京四中回到家后，每天闷闷不乐，几天的时间，人一下子清瘦了很多，这确实让祖母朱氏一时不知如何安抚孩子。父亲看着祖母焦急的面孔和躺在病床上的祖父，在其幼弱的心灵里萌生出一种无可选择的责任感，主动拉着祖母的手说："妈，您不要着急了，我听您的话，去和二舅学徒，我要学本领，给父亲治病。"祖母听了父亲的话，很是伤感，一时也没有什么合宜的话对孩子说，只是掉着眼泪，手不停地摩挲着儿子的后背。

说来也怪，当时父亲从四中退学，祖母提出要父亲去育和堂学徒时，父亲本心是不情愿的，甚至还稍有抵触。后来即便自己主动说"去和二舅学徒"，也仅是出于别无选择的无奈。可是从见到自己的舅舅后——到育和堂的第二天开始，他心里就有一种感觉，他在这里可以学到很好的本领，祖父的病马上就可以痊愈了。也正是从这一天开始，父亲一生的从医之路正式启程。

二、问学：开启学医之路

[我的插话]

朱家开设育和堂之始有一段故事：七世祖中年行医时曾应诊一伤寒患者，脉病均符合麻黄汤证，然连服三剂滴汗未出，病情不见改善。经反复询问，家人告知煎服方法及注意事项亦谨遵医嘱。于是随家人前往复诊，好在病情虽未减轻，也未见有加重之象，七世祖百思不得其解。遂要求其家人将所煎药渣找来看，仔细辨认后，发现药中麻黄乃是凉席草所代，不是真正的麻黄。于是按原方去该药店再取一剂，证之确为假药。还用同一张药方去另外一家药店买药，七世祖亲自陪同前往，取回家后监督煮药，确系无误。病人服两剂而愈。

此事过后，先生筹设药堂，严格挑选、炮制药材，并对看病时收集到的病人信息和药物的质量配制要求，每一环节均有极为严密的查验制度。对药品贮藏、保管也严苛讲究。如中药界有"六陈"之说，即有六种中草药需存放时间久些，有效成分才易煮出来，副作用的成分才能挥发掉。这六味中药是麻黄、陈皮、半夏、枳壳、狼毒、吴萸，均须贮存两年以上方可使用。

经七代人的积累，朱家药堂逐渐形成了自己的特色药品系列。当然，这些药学知识也都是学徒者必修的功课，同时还设一条店规，就是初学者必先要掌握药房技能而后方可学医，且自己看病、自己调配药还另需三年的严格训练。

1932年，父亲（中）与表叔朱德清（左）、育和堂厨师路怀清（右）合影

1936年，父亲（右二）在育和堂学徒时与同仁留影

学徒进了门，修行在个人

第二天，祖母带着父亲来到了舅公的药店——育和堂，拜见父亲称呼"二舅"的朱佩经先生。

佩经先生祖籍浙江绍兴，至先生这一代已是七世为医。朱家祖上有一家训，凡欲成朱家老铺掌管者，首先要到别家药堂学徒，避免在本堂受宠不能守规矩，学不到真功夫。学成后回到育和堂，还要请坐堂中医老师教学中医。旧时学徒，时间是三年零一节出徒，但在朱家学徒却需长达六年的时间，六年后自己才可出师独立应诊，而且自己看完病人，还需亲自为自己的处方承担配药调剂，体会诊疗病人的全过程。朱家对医生处方的书写要求也极为严格，如对病人的求诊目的、病史询问、生活习惯、所诊何证何病、处方立法依据等都要条理清楚，字迹工整，切忌含混潦草；对方中药物的书写，要求对产地、炮制方法、药用部位、煎服方法都须标注清楚，便于调剂时司药人员能够给予准确配制。接诊病家之时，医生应亲切和蔼，有如朋友般的默契交流，从而获得和掌握有关求诊患者的准确信息；诊后对病人要耐心叮嘱注意事项，手挥目送。

在朱家学徒，除医术需过硬外，还有一个特别要求，就是非常注意培养学徒者与患者的交流能力。舅公朱佩经先生常说，和病人说话要和气，取得病人的信任，信服是能治好病、提高疗效的第一步。书写病案字迹要清楚漂亮，语言要通顺易懂，临证诊病对成年病人，不论年龄比自己大或小，均以"您"相称，以示对患者的尊重。先生诊室挂着一联语："育和深造化，和气满乾坤。"由此可见其医德修养之一斑。

　　舅公佩经先生待人和蔼，有求必应是远近闻名的，但对家中的孩子和徒弟的要求却极为严格。当祖母领着父亲来见舅公时，祖母对舅公说："孩子交给你了，我知道育和堂的规矩，任你管教，但你一定要传他真本事。"舅公笑了，对祖母说："三姐，您放心吧，俗话说'修行在个人'，只要他肯学，我会竭尽所能地教他。但确实要他受一些苦才行，到时只要您不说我虐待就行了。"祖母对舅公的仁厚为人十分了解，于是当场表态："我当然放心了，不然我也不会把孩子送到你这儿来。"

　　祖母曾在家中叮嘱父亲："学徒首先要勤快，不要攀比，多干一点事就能增加学本事的机会。要学习舅舅的待人厚道，多听别人说话……"所以父亲到育和堂的第二天便鸡鸣即起，开始洒扫庭院。不知何时，舅公已站在不远处，看着身体单薄但干活是那样专注、细致的外甥，喜爱之心油然增添了几分。他走近前对父亲说："扫完院子后，你去洗洗脸，先去吃点饭，一会儿我带你去见一个人。"父亲一抬头发现舅公微笑着站在一旁，瞬间感觉舅舅和自己的妈妈长得太像了，亲切和温暖立时涌遍全身。于是走上前去，向舅公问安，然后轻轻说："我再有一会儿把手头的活儿干完了就去好吗？"舅公笑着摸了摸父亲的头："好吧，吃完饭你去丸药房找我。"

　　父亲吃过早饭，来到丸药房，还没进屋，一股浓郁的中药香味扑鼻而来。进屋后，他看到眼前的景象和自己印象中的药店完全不是一回事——堂屋正中挂一联语："饮和食德，含英咀华。"堂屋一侧贴壁而立的柜子上整齐地摆放着各号瓷罐，每个罐上都贴有药名签，这些字签写得太漂亮了；另一侧的几案上则摆放着各种制药工具，件件透着干净、整齐。

　　此时再望向舅公，只见他通身一袭浅灰宽松的家常衣服，上衣纽扣有如线量过般一溜儿齐整。脚下着雪白棉布袜子和重复呢（一种呢子布料）的双脸靸鞋，双手端着直径约有三尺的竹筛样的器具正在上下旋舞，其节律谐调而优美，神情专注而怡然自若。父亲近前一看，顿时愣住了——眼前的舅舅全不似平日里慈和医生的风范，俨然变成了一位英俊潇洒的武术家。再往竹筛里看，大约有几斤重的小颗粒状药丸正随着舅公的"手舞"自由而又秩序井然地跃动着。这时舅公好像看到父亲进来，一个优美的"收跳"动作，只见筛中的小丸药像听了集合号一样，悉数落入案上的笸箩里。怎么进去的，父亲近在咫尺竟没看清，因为只顾盯着舅公又快又美的"舞姿"了。

舅公立于原处微笑着，面色微红，呼吸静稳。父亲很奇怪地问道："这么强烈的动作，您为什么一点也不喘呢？"舅公笑着回答："这是基本功啊。"时值中秋前后，舅公穿一身夹衣，面色微红却未出汗。舅公示意父亲来摸摸头，只有一点微潮。父亲又接着问："这些您都是怎么练的？"舅公告诉父亲，这个工作叫打水丸，一般选在春秋两个季节，因为这两个季节北京凉爽多风，丸药干得快，不容易发霉，药师也不易出汗，从而避免汗水淌进药里。父亲不解地问："尽管现在是秋天，我早上打扫院子时穿得比您薄，强度比您打水丸时小很多，但我身上却出了很多汗，喘气很粗的，您为什么不但没有出汗，而且呼吸还是那么均匀？"舅公告诉父亲，这些都是他今后要学的技能。

父亲此时满脑子问号，又对舅公说："我原来只知道药店就是抓中药，不知道还要制丸药。"舅公耐心解释："不仅是如此，丸药还分搓糊丸，制蜜丸，水蜜丸，吊蜡皮，包蜡纸，另外熬蜜膏，摊膏药，打散剂，炼丹药。行话叫丸散膏丹，每一种制剂工艺都有极其严格的讲究，每一种工艺都对医生所开处方药的功效有至关重要的影响。除此之外，药材的产地、药用的部位、采收的季节，每一细节皆有学问，药界里远不止七十二般武艺。如果一个医生只会看病开方，对中药背后的故事没有足够的了解，就会在治病时增加很多困难，或知其然，不知其所以然。"

[我的插话]

父亲告诉我，他在育和堂近八年的学徒中，应该说是很努力的，也掌握了不少朱家药堂的绝技。但父亲有一种愧疚，对舅公的本事没有学全，这并非是舅公保守，而是舅公在不停地学习，不断有新技能、新知识、新观点出现。好像在他身上永远有你学不完的东西，包括为人处世。即使舅公到晚年看到别人身上的优点，仍会谦恭地学习。"他老人家就像饱满的谷穗，越成熟就越低头。"父亲对舅公的这句评价影响了我几十年，且始终铭记不能忘怀。

二、问学：开启学医之路

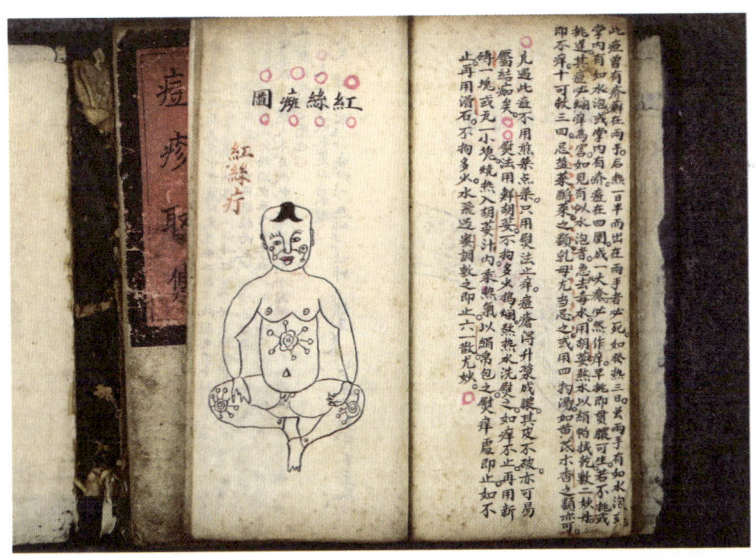

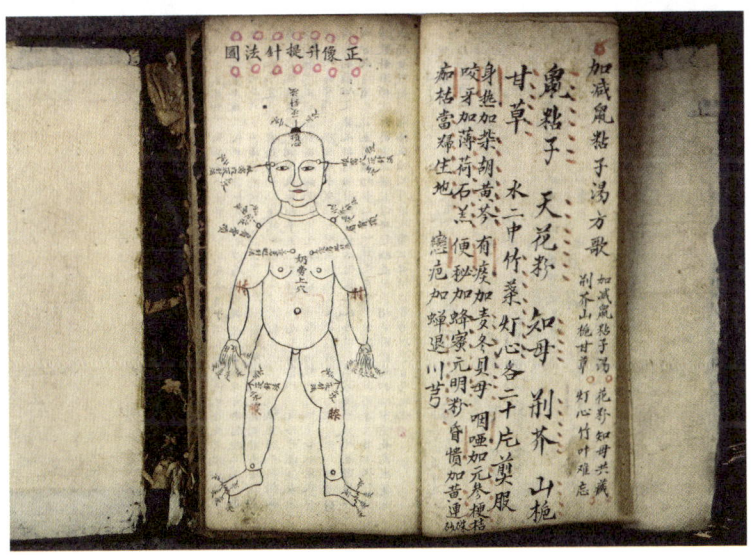

父亲22岁时（1937年）在育和堂学徒，抄录朱家药堂治疗痘疹经验，并手绘红丝斑图和针灸人体穴位图

问学第二位先生——六姥爷

舅公这次要带父亲见的老先生姓孙,当时已经七十多岁了,按辈分父亲应叫他六姥爷。六姥爷原来是清太医院御医,民国成立后,他在家中给人看病。医药皆精,因看病疗效好,待人又谦和,并且给穷人看病从不收钱,口碑甚好,影响甚广,百里之外均有病人来诊。舅公说:"本来人家是不出来的,你母亲告诉我,让你跟我学徒药行。我认为只学药不懂医,对药的体会,只能停留在技能层次,领略不到中药文化的精深内涵,因为这一点我是有深刻体会的。我除了管理药铺生意,每天还要看几十个病人,没有多余时间给你讲些医药的基础知识,所以经我再三请求,孙老先生才答应来给你讲课,机会难得,你一定要珍惜,好好侍奉人家。"父亲听了舅公的话,顿时对其良苦用心充满了无以言表的感激,眼睛有些发热,一时不知道说什么感谢的话,只是说了一句:"舅舅,知道了。"

当舅公把父亲带到书房时,只见一位慈祥的老人端坐书案前,看样子,约有六十岁左右(实际已七十五岁)。没等舅公发话,父亲便主动上前一步,深深鞠了一躬,向六姥爷问好。这时舅公向老先生介绍说:"这就是我和先生您说过的那个孩子,今年十七岁了(虚岁),想请您给教育教育。"老先生对舅公说:"我来都来了,一切听佩经安排,只是有一点,佩经你是知道的,我可不是来你这儿当教书先生的。他有什么问题,我会尽我所知地告诉他,但我不承担任何责任,学得好不好是他自己的事。"舅公赶忙说:"六叔,这我知道,只要他有一点让您不满意,您就可以让他走,我不会有一点怨言。"事后舅公才告诉父亲,当时老先生提出的条件是每天只有两个小时的时间给讲讲课,其余的时间交给舅公安排,三个月为期。如果父亲得不到老先生认可,随时可以"开除"他。父亲后来对我说,他与孙六先生刚一见面,就好像有见到罗复堪老师那样的亲切感。尽管孙六先生说的话很怪,但父亲听了老先生的话,一点也没有什么不自在,心里反而想:"我会让您喜欢我的。"

舅公尽管是父亲的舅舅,但和父亲的接触并不多,虽然承诺了孙六先生,但心里还是略略担忧:万一自己的外甥让老师有一点不高兴,怎么好一句话就把孩子辞了?又怎样向自己的姐姐交代?因为舅公知道当时家里的状况,如果孩子的前程受到影响,他是有责任的。当然舅舅的担心父亲是后来才知道的。

当孙六先生答应教导父亲后,前三天老先生却没提讲课的事,只是问父亲一些闲话,让父亲帮他泡泡茶、干点零活儿,然后给父亲讲了几个历史上的名医故事,讲完故事提了几个小问题。三天中,父亲发现老先生虽然有点让人琢磨不透,但在他面前却并不会紧张。三天后,老先生让父亲请舅公过来,他有话要说。父亲一听就有些紧张了,心想:说好了三个月为期,怎么刚三天就找舅舅啊,我还挺小心的,哪儿惹他了?当舅公来到书房后,老先生笑着说:"这小家伙挺鬼头,刚三天,他就琢磨对了我那些喜好,及时送上我需要用的东西。我给他提些历史问题,他回答得很准,出乎我的预料。"面对老先生的表扬,舅公喜形于色,谦恭地说:"只要您喜欢,我就放心了。"

转眼三个月过去,舅公眼看这一老一少师徒的关系,好像谁也离不开谁,心里一块石头总算落地了。在这期间,有一件事,让老先生特别感觉意外，就是父亲在随前堂老师给病人诊疗时，把前堂老师与病人的对话都记录在随身的小本上，尤其是把舅公给病人开的处方也都在晚上抄写下来了。在老先生讲课后，父亲把抄录中遇到的疑问请六姥爷给他讲。虽然有些问题提得很可笑，但其态度认真、不弄明白不罢休，所以老先生就会不厌其烦地讲解。父亲说常常是他二三页纸的问题，老先生用一两句话就给讲清楚了，所以这三个月是在不知不觉中过来的。

父亲后来对我讲，他离开学校时的苦恼，自到了育和堂就一点点消逝，再也没有为失学的不甘纠结过。

[我的插话]

据父亲说孙六先生是一位良医，还是一位大学问家，不仅精通历史，还是力主"术随时尚"者。他常说：读古人书，要还原语境，了解著者的动机和那个时代的社会背景，医疗认知水平，大众患病概况等等，都是需要做全面的知晓。任何一门学问能随时代之需而进步才有意义。

我在听父亲讲他亲历的故事里，无意间发现，在他的一生中，好像有一条无形的机缘路，自然贯穿着他的一生。比如他自幼受罗先生历史故事的熏染，接着他到了育和堂遇到了孙六先生，提倡古为今用的方法教育，以及他后来到辅仁大学和陈垣老师学历史等。

医药兼修的学习生涯

父亲在育和堂期间虽然医药兼修，但重点还是以药为主。首先是孙六先生用两年时间为他讲授药学知识，其中包括对《神农本草经》的全书通解和《仲景方用药》的逐味析讲。其次是在理论引领下八年不辍的实践——从原药材的辨识，到各种炮制方法，前台司药，后厂制药，都是在舅公的严格训练中摔打出来的。关于医的学习，应该说孙六先生教授的只是一些基础知识，有关中医临床方面的知识和技能，只能在暇时为舅公侍诊才会学到一些。舅公很注重启发父亲的主动思维习惯，虽因病人较多，没有更多的时间详细讲解，但对一些初诊病人，舅公通常会有意识地要求父亲先提出自己的治疗方案，如符合舅公意旨，就会被采用；若有偏离，舅公则口述理法方药，再由父亲书之于案。

孙六先生在第三年给父亲讲医的知识也不多，只是教父亲一些读古医书的方法，但要求务必对《伤寒论》通读默诵。按孙先生的说法，他认为要想成为好医生，需兼备一身"硬功夫"和"软功夫"。"硬功夫"指医学专业的功夫一定要扎实，是需要学一辈子的；"软功夫"是指医学之外的人文修养，要有广阔的学问胸襟，培养大性情和大眼光。若能如此，则需年轻时即掌握学以致用的正确方法，并将这些方法内化为习惯，才可获得上乘的学问。所以到了第三年，父亲的学习是以听六姥爷讲故事和交流心得体悟的独特方式度过的。

孙六先生对父亲勤学好问的习惯很是欣赏，曾谆谆教诲："你将来若有机会，我建议你应该学学历史，这样对你在医药学问上的精进是一种捷径。"

[我的插话]

父亲曾对我讲："孙六先生建议多学历史，让我一生受益至深至切。"我有些不解，问父亲："您能举一个例子，说明了解历史对学医有什么帮助吗？"

父亲告诉我，在看病时经常有这样一种情况，当遇到一个复杂或严重的疾病，在诊治过程中，常会有灵感乍现的时刻。本来是一个很疑难的病，但是循着这个灵感指引却能出奇制胜，获得出人意料的治疗效果，这自然会让医者产生快意和成就感，甚至会让你自诩此法前无古人——其实是你的书没有读到。有时会在若干一段时间后读书偶得，才发现原来前人早有类似的经验见解，并且远远超出你的认知。那一刻，你会自愧如果早知如此，病人的病程很可能会缩短。父亲说："等你以后看的病人多了，这样的情况一定会遇到。所以后世有很多医家由于对历史知识的重视不够，就医学医，知识面相对狭窄，缺少医学专业之外的修养，从而常常出现自感得意的经验，实际上是在重蹈覆辙，原地踏步，而自己却浑然不知。若能以古为镜，古为今用，可以少走很多弯路。"

如父亲所言，我在学医十年后确实屡屡遇到这种现象：我最得意的一些心得，有时会不自觉地以炫耀之心向父亲讲述，他老人家通常先是鼓励，然后再找出前人案例的阐释要我阅读对照。于是方知很多自认为是我所创的精彩，原来是在低水平中重复前人之辙而已。

二、问学：开启学医之路

民国戊寅年（即1938年）仲春月顺义县修筑土马路，街基展宽，本冲天牌有碍路线，奉令拆下。育和堂同仁特在此处拍照纪念（右二：朱佩经先生　右四：父亲薛培基）

惜别恩师，获赠墨宝

就在父亲跟随孙六先生学习第三年的春节前，老先生对父亲讲："我还没和你舅舅说，家里的子女们对我的身体有些担忧，多次要求我回家颐养晚年。近一年我自己也感到身体状况下降明显，所以决定回家休息了。"父亲听了老师的话，心中顿时怅然若失，眼圈儿也红了。

因为当时先生的生活起居都是父亲在身边侍奉，晚间与先生同室而寝，确实觉察到六姥爷的食量较前减少，夜里常在睡眠中咳醒，再次入睡很困难，体态容貌也消瘦许多。父亲明白，老先生确是因为身体原因要休息了。父亲一生很少哭，但这次内心酸痛，紧紧握着老师的手双膝跪地，泪珠滚落在衣襟上："六姥爷，是不是我让您生气了，把您累着了，一定要告诉我。"老先生对父亲的举动，好像在预料之中，因为和父亲在一起三年，他们都已把对方视为自己生活的一部分了，尤其是父亲对老人细致入微的照料和勤奋刻苦的学习精神，先生都是很满意的。加上舅公对先生的体贴和尊重，更是让老人感动不已。经舅公和父亲的再三挽留，最后孙先生说："我先休息一段时间，待身体好些了，我会常来，我从心里还真舍不得你们。"舅公和父亲心里都知道，老先生已近八十岁了，不应再勉强人家了。于是舅公对老先生说："六叔，恭敬不如从命，这几年您教育孩子倾注了太多心血，大恩不言谢！您好好休息一段时间，我和孩子会经常去看您。"父亲告诉我，那天老人家的不舍之情也是溢于言表。临行前反复对父亲讲："你要好好跟舅舅学本事，他的药行功夫你一定要继承下来，最少要再下五年苦功。等学好基本功，你还应系统学些历史知识，你现在刚入门，只有在年轻时培养出好习惯，掌握好学习方法，你才可能活到老学到老，不了解历史的人，是容易骄傲自满的。"

说着，老先生拿出准备好的两幅手卷，递给父亲说："一张是我在太医院的考试卷，我那时和你现在同龄，十九岁，留给你做纪念。这张是我写给你的一点希望。"说着老先生打开手卷，上书六个大字——"满招损，谦受益"，后面是老先生用小楷撰写的注解。父亲接过手卷赶忙跪下，连续磕头谢恩。

父亲一生都将这两件墨宝随身珍藏，视为座右铭（可惜"文革"中被抄走，后来只还回考试卷，那一张父亲的座右铭却永远失去了）。老先生回家后，舅公和父亲常去看望，每次见面都有说不完的话。两年后，老先生在家中病逝，享年八十岁。

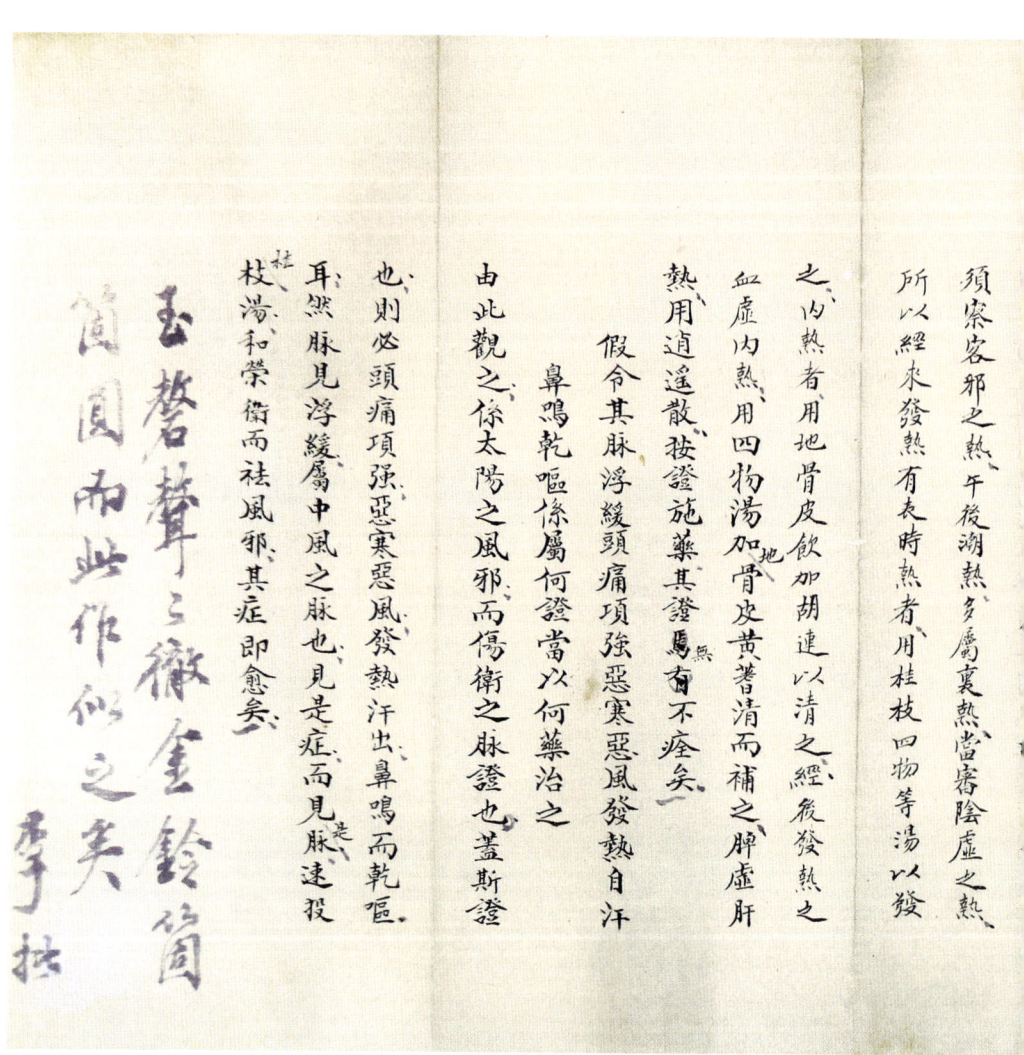

1934年孙六先生离开育和堂前,将其在太医院读书时《光绪二十年十月十五日考试卷》赠与父亲

光緒二十年𦱌月上課

生 津
第一等二名 孫景泰

經行發熱證治論

且婦人諸病本與男子無異，其異於男子者，惟經血之證，故古人立婦人一科，分門而詳治焉，是以經血之證固非一端，而經行發熱之證尤不可無治法也。請申論之：夫婦人先天天癸稟自父母，乃腎間之動氣，始以資其生。後天精血化自水穀，得之形成之後，以資其生。故女子腎氣盛而天癸至，衝為血海，任主胞胎，衝任皆起於胞中，任脈通，衝脈盛，經血以時下。

国医薛培基

舅公倾情教诲八载

舅公临床治病,在今天说来应该算是全科医生了,内、外、妇、儿、五官科均有较高的声誉,尤以治疗内、儿科的急性发热病证为最著,可谓是有胆有识。当时在顺义民间流传一句话:看急病,找佩经。

父亲曾给我讲过这样一个医案:有一正值青壮之年的男性患者,在冬末春初之际,得病起初有些发冷、发烧、头痛无汗、骨节酸痛,因年轻力壮,并未在意。心想干点活,出出汗也就过去了。没想到第二天早晨身痛剧烈,头胀痛有如爆炸一样。遂请当地一位名医给予诊治。这位名医平素以社会上层患者较多,诊病较一般医生准确很多,但用药极为谨慎,治病强调"宁可再剂,不可重剂"。所以找他看病的患者,以慢性病居多。这位医生认为病人虽症状类似伤寒病,而舌红、苔薄白少津,脉象浮数,同时兼有口干喜饮,咽部微红,显然是受温热之邪所致,于是给开了银翘散加味(中药方名)。病人服药二剂,未见缓解。反咽痛加重,身体发热有如炭烤,呼吸急促,两目红肿热痛。家人急请舅公前往诊治,舅公了解完病患情况,迅速诊断出这不是一般轻浅温邪致病,而是瘟疫重证,中医称为"大头瘟"病,具有强烈的传染性,与一般温病相比,变化之快,热势之甚是有明显区别的。有夺人性命之忧。于是急以大剂银翘散和普济消毒饮合方治疗,其中金银花一药剂量用了二两之多。

舅公凭借其丰富的急症经验,首先给病人在尺泽、委中两穴点刺放血,十分钟后病人头身热痛顿减,遂后嘱病家急煎中药频服。一天后,

二、问学：开启学医之路

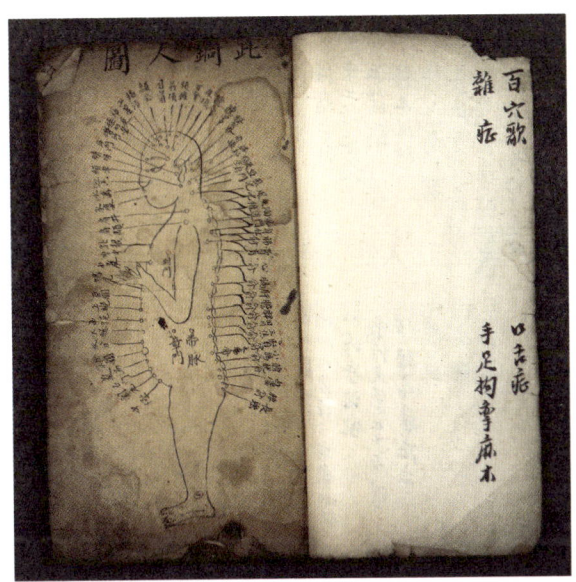

1938年父亲手绘针灸铜人图

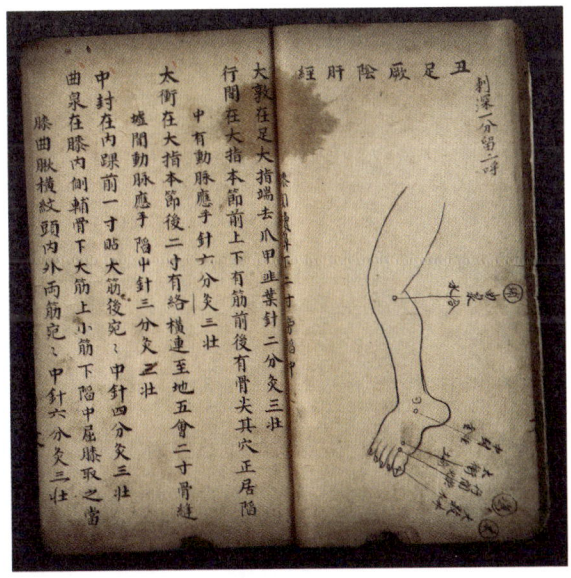

1938年父亲手抄《针灸治疗学》（内页）

病情已好了十之五六。就在这时，首诊的那位医生因与病家是亲戚，主动来为病人复诊，见病人较前好转，以为是吃了自己的药见效了，但无意中看见桌上放着一个大药包，不像自己开的药量。于是询问病者家属，家人无奈，遂据实相告。这位名医看了舅公的处方，连连摇头，口中不停地说："伤人性命啊，伤人性命啊！"并严正地告诉家属，赶紧停服此药，否则将会造成脾胃大伤。在原来自己的药方基础上稍加些养胃的药品，嘱病家续服。

不料想到了第二天，病人高热神昏，头面红肿热痛，并已溃破浸出黄水儿，头和脖子、耳后均红肿热痛，咽喉肿痛，病人口渴，急需冷饮，但不能饮下。全家因此慌了手脚，病人危在顷刻。惊慌之中病人的父亲又急忙去请舅公。舅公见状，急以至宝丹二丸凉开水化饮，嘱病人服下，病人已两日未大便，用以大剂增液承气汤，宽汤煎煮，灌洗肠道，强行通便。约有一刻钟时间，病人泄下燥屎其味秽臭难闻。接着迅速以三棱针点刺尺泽、委中、金津玉液、十宣穴放出黑色血液，其味甚腥。随后给病人按子午流注针法，取穴双内关、双曲池，并以灵龟八法取穴双申脉，同时配以大椎、陶道进行针刺。整个过程，舅公治病思路清晰，动作迅捷，有如一大将在血雨腥风的战场上，沉着冷静，应对自如。用父亲的话说，他在一旁观看，虽是在如此紧急的重症面前，看不见舅公有丝毫的慌乱。从舅公的神情上，是成竹在胸；动作上，迅速准确；语言交流上，让病人及家属安定了许多。治疗过程层次井然。好像此时病人完全进入到了舅公有序治疗的配合中，完全忘记了痛苦的喊叫。不仅是父亲，包括病人家属都进入到了注目入胜的气场之中。

就在舅公治疗一小时后，病人热势大减，体温由原来41.5℃降至

38.1℃。病人的一句话，让在场的人都笑了起来："朱二先生，您是人还是神啊？我的嗓子和头一点都不痛了。您把我的病给弄哪儿去了？"这时再看舅公，面色微红，额头上有些微汗。父亲赶忙拿手帕替舅公擦了擦汗，随后递上一杯温水。舅公对病家说："放心吧，病人没有危险了，我再开个药方，吃些药，过几天就好了。"这时父亲已准备好纸笔，等候舅公口述方药，舅公告诉父亲，方药不变，只是将方中金银花增至四两，再取药三剂宽汤煎煮。渴而饮服。三剂中药两天喝完。同时告诉家人，家中用艾条熏屋子，全家人都要少吃油腻，避免劳累。如果家人有任何不适，及时就医，因为这病有很强的传染性。家人听后，甚是感激，遵行医嘱。

两天后，病人父亲前来邀诊。父亲随舅公再次前往，没想到的是，病人已基本痊愈，见到舅公就说："谢谢您救我一命。"舅公察色按脉看舌，病人主诉："身上已经没有什么痛苦了，只是有些乏力老想躺着，口渴，但已不想喝凉的了。服药第二天就不发烧了。"舅公为病人诊脉基本平缓不数，只是脉口有些微热，舌微红，津液不足，苔薄黄。询之，大便有些硬，但还是每日一次。平脉辨证，给予增液汤加味，嘱服三剂，半月内忌服油腻食品，一月内忌房事。避免因消化功能失调或肾气消耗而造成病情反复。

父亲在随舅公学习的后五年里，经历这种现场治疗急重症的时刻有好几次，耳濡目染，眼到手勤，渐渐成为舅公的得力助手。加之平日从侍诊抄方，聆听教诲，到为病人调配药品，追访疗效，查阅资料并记录保留，继而温故知新，因此深得舅公赏识。

由于舅公当时在社会上的良好声誉，每日求诊者日益增多，盈塞门庭。到了父亲来育和堂的第八个年头，在舅公外出的时候，一些常见病的门诊，父亲也可以应付了。由于年轻、争强上进心理使然，加上受舅公的影响，对病人的服务格外耐心、热心、诚心，而且父亲的诊费也较舅公便宜很多，有一些经济条件差点的病人，病情不太重的就找父亲看病了。所以父亲在二十三岁时，就已有了自己的小众患者群。

尽管在育和堂的学徒生涯收获良多，但父亲仍然隐约感到，对一些疗效好的患者，常常是有不知所以然之憾。尤其对一些诊断不甚明确的病情，查阅古医籍时，由于时代变迁、文化进步、语言差异，古今对应，更是多有疑惑。他想起了罗、孙二位恩师曾经的指教：欲求中医上乘的学问，一定要系统地了解中国医学发展史，潜心研读古医籍，这对了解当时的语境是很重要的。

[我的插话]

类似上文中的急诊病人治疗场面，日后我在随父亲诊事中，是屡有观摩，深有感触的。现代人们都认为，中医只是擅长治疗慢性病。实际上是对中医的了解不够全面。甚至我这一代以后的中医，由于医疗卫生工作的进步，很多烈性传染病进行疫苗接种，使旧社会常见的诸如天花、麻疹、猩红热等急性传染病得到了有效的控制。加上近年社会形成了发烧38℃以上，不问有无明显炎症，就大剂量使用抗生素、激素、输液等强行压制疗法的风气，更让人们对中医治疗急症有很多的误解。父亲讲述的这个舅公治疗急症的故事，在长期的临床实践中更增强了我对中医治疗急重病人的自信心，并在行医数十年里，化为坚持针药并施的效验行动。

二、问学:开启学医之路

朱佩经先生70岁时照片

求学深造，幸得亲众支持

父亲"想到就做"的脾气让他首先想到去找自己的蒙师罗复堪先生，向老师诉说了自己在学医中的困惑后，提出了要跟罗先生学习历史的愿望。

罗先生听了父亲的请求，略深思一会儿，对父亲说："我有一个建议，你可以考虑一下。我认为你应该对历史有系统的学习，中医医学的发展是建立在社会发展史之上的。因此了解中国历史与医学发展史之间的关系是需要有医学专业知识的，但我对医学是门外汉。我有一位好朋友，和我算是广东同乡——辅仁大学校长陈垣①先生。陈先生是我国有名的历史学家，同时又对中国医学史有深入的研究，陈先生早年受过系统的西医教育，还参加创办广东光华医学校，教授解剖生理学等课程。你若能得到他的教育，那可就不一样了。但他太忙了，不知道是否有时间带你。"父亲听后，兴奋得都要跳起来了，恨不得马上就要罗先生去引见。罗先生看出了父亲的急不可耐，笑着说："你不要着急，容我好好想想，怎样能得到陈先生的应允。你先回去，和家人商量一下这事，我这儿有消息就告诉你。"

父亲从罗老师家出来之后，一路上是又高兴又担心。因为当时全家九

---

① 陈垣，中国历史学家、教育家，字援庵，广东新会人，生于1880年（清光绪六年）。自幼好学，无师承，靠自学闯出一条广深的治学途径。在宗教史、元史、考据学、校勘学等方面，著作等身，成绩卓著，受到国内外学者的推崇。他重视教育事业，曾任国立北京大学、北平师范大学、辅仁大学的教授、导师。1926年—1952年任辅仁大学校长，1952年—1971年任北京师范大学校长。

二、问学：开启学医之路

口人都靠当制鞋工人的大伯和父亲挣钱养家。如果自己去上学而失掉收入来源，只靠大伯一人挣钱养活全家，父亲实在不敢往下想了……

燃眉之际，他想起了自己的挚友——表兄马江。马江长父亲六岁，家中有良田数百亩，生活富裕，大学毕业后与人合伙创办一律师事务所，所得收入无需贴补家里，基本上供自己使用。据父亲讲，表兄平时言语不多，但极有智慧，很多别人认为难于解决的事，到了他那里常会有一些奇妙的方法，让人化忧为喜。在育和堂学徒期间，父亲与马江来往甚密，二人可谓知心。父亲在学徒期间，每月只有六块银圆的工资，表兄心里记挂，便常贴补父亲些家用。父亲将表兄给过的钱都记下来，出徒稍有宽裕便如数偿还，但都被表兄拒绝了。父亲为此很不安，不得已用孝敬老人和为表侄们买学习用品的方式进行了回报。

父亲当时的纠结，还不只是经济问题，最让他难于开口的是自己想离开育和堂去读书的事，怎样和自己的舅舅讲——这些年，我的舅公待父亲视同己出，胜于自己的亲儿子培养，他都明白。

因为舅公只有一个儿子，当时正在北京南庆仁堂当学徒。由于他聪慧厚道，又是药行技能方面的高手，舅公几次向南庆仁堂负责人请求将其调回自家药堂，都被盛情挽留。因舅公与南庆仁堂东家关系甚好，也不好强行叫回。还有另外一个因素，朱家药堂七代掌门人在兄弟排行中都是老二。祖上掌门人中，曾有两人不是老二，但都因不擅经营，不得已换了行二的人掌管，至舅公这一代，已是第七代朱二先生了。父亲虽不姓朱，但家中也是排行在二，所以舅公从心里想把我父亲留在育和堂做自己的接班人。

父亲找到表兄马江，把心中的愿望和纠结都向表兄做了倾诉。马江听后对父亲说:"我看这事你先不用着急,现在还不知道罗先生那边是什么消息呢,你先等等,我也好好想想,凡事只要想去做,总会有办法。"父亲觉着表兄的话有道理。就这样,父亲一如往常地帮舅公打理药堂。

大约十几天过去了,罗先生来话儿了,约我父亲见面。父亲如约来到了罗先生家里。罗先生告诉父亲:"我把你的事和陈校长说了,他答应和你见见面。陈先生还向我提了一个很好的建议,他说要想学好中医,除了要了解中国历史外,还应学些西医基础知识,学好西医基础一定要懂外文。因为读西医的文章,还是未经翻译的要准确许多。他还告诉我,施今墨先生在北平创办了华北国医学院,中西课程兼授,施先生力倡革新中医,北平一大批中西名家都是该校的教授。辅仁大学理学院现已附设医学先修科,你可以先去那儿读预科,同时选修史学课,陈先生可以亲自指导你,但一切均需见面后才能定。将来辅仁课程结束后,你可以报考华北国医学院,系统地学习中医。辅仁今年招生时间已过,待明年招生时才能报考,我觉得很适合你,只是你还得要读几年书,不知你家庭情况是否允许,你回去和家里人商量一下,如果可以,我再带你去见陈校长。"

父亲回来又找到表兄马江,把罗先生的话复述一遍。表兄沉吟片刻,对父亲说:"我分析了一下,首先经济不是太大问题,关键是如何向姑父母(即我的祖母和祖父)讲,然后是如何对你舅舅讲。毕竟家是责任,育和堂是情义。我看这事,咱们先去和姑父母说说,听听二位老人的意见,能成更好,不行你就认命吧。"

父亲觉得表兄的话在理,于是二人来到家里向我的祖父母和我母亲说出了父亲的愿望。祖父一听到是罗先生为父亲提的建议,加上对父亲在四中辍学之事一直未释怀,当即就想答应父亲的请求,但面对家中的生活状况，一时又拿不出个妥当回应。聪明的表兄此时看出了姑父的心思，马上说："姑父，如果荣瑞去读书，全家的负担就会落在荣利（大伯的名字）一个人身上，这样的话，生活会难于维持。您看是不是可以让他们哥俩暂时分开过。荣利人口多，您和我三姑（马江对我祖母的称呼）归荣瑞抚养。我已和我父母商量过，他们也同意我在经济上帮助荣瑞度过这几年。我向您承诺，绝不会因荣瑞去读书而降低您二老的生活标准。"当祖父听到"分家"一词时，眉头锁了一下，但还是坚持听马江把话说完了。这时坐在一旁的祖母先说话了："马江，如果不分家，还有别的办法吗？"还没等马江回答，祖父先接过话来说："我们一家四口人全靠你接济，怎么行呢？"马江赶紧说："姑父，您不用担心，我都计划好了，我把律师事务所的房子腾出一间，给荣瑞开一个小诊所，让他在业余时间看点病人，增加一点收入……"

两天后，大伯到育和堂，让我父亲晚上回家一趟。那一晚，全家坐在一起为父亲上学的事开了个"家庭会议"。祖父说："荣瑞，我已把你的事与你哥哥嫂子商量过了，他们都同意你去上学读书。让他们跟你说说吧。"大伯应声道："爸妈说了你的事，我和你嫂子都支持你，只是有一点，我和你嫂子不同意父母都归你抚养，二老的生活费我们分摊，不能让你一个人负担。"祖父接过话说："就这样定吧，不过暂时我们老两口还不需要你们哥俩负担，谦祥益当时给我一些养老钱，还够用几年的。"父亲听了父兄的话，赶忙站了起来，连声说："谢谢爸妈，谢谢哥哥嫂子。"据父亲讲，他和大伯兄弟俩一生从未吵过架，父亲对大伯、伯母均以"您"字相称。

就这样，征得了家人的支持后，父亲又在表兄的建议下主动跟舅舅谈想法——由表兄做东，约请舅公吃饭。舅公一看两个年轻人请自己吃饭,细心的他虽猜出几分,但也没说什么。饭桌上,先是马江开了口:"二叔,我和荣瑞想跟您商量点事,听听您的意见,您要觉着可行,我们就去做,您若是不同意,我们再商量别的办法。"听到这儿,舅公风趣地说:"我明白了,我同意就算我识时务,我若不同意,你们再绕着弯儿说服我,总之,我同意不同意,你们都得去做。你俩放心吧,我尽量做一个识时务者,你说什么事吧。"父亲听了舅公开玩笑的话一时紧张起来,赶紧对舅公说:"二舅,不是这样的,您如果不同意,我就不去了。"父亲心里,隐约有一种感觉,舅公早已察觉到了什么,只是没有说出来。父亲的感觉是准确的。因为近八年的时间与舅公朝夕相处,彼此太了解对方了。

此时马江也感到在睿智的舅公面前根本不需要做什么婉转铺垫,就如实地把事情原委向舅公做了汇报。舅公听后,笑着说:"这些都是我预料之中的事,首先荣瑞学习的事我是支持的,我还没有那么糊涂,去阻止他进步,我何尝不希望他将来能成为一个好大夫呢。至于你刚才提到,他学成后还要回到育和堂的事,你们确实很了解我,我当然希望我老了以后,他能回来帮我打理育和堂。因为德清(舅公的儿子)已决定留在南庆仁堂了。"父亲见舅公如此爽快地答应了自己的请求,既惊讶又感动,于是马上站起身来,向舅舅深深地鞠了一躬,说道:"谢谢二舅。"接着对舅公说:"我还要在育和堂再待一年,一是把我手头的工作安排好,等您找到合适的人接替我。再有我还要认真温课,待明年去参加入学考试。"舅公听了父亲的安排,微笑着说:"好啊,你考虑得很周到。说实话,尽管我同意你去学习,但其实舍不得你走,这几年有你在我身边承担起不少事,确实让我省了很多心。并且还有很多病人在找你看病,你一走,有很多事还真一时不好安排。这一年你好好带带庆昌(父亲的师弟),而且我的身体还算健康,也不能过早闲下来（当时舅公五十岁）。你放心地去学习吧，学就要学出个样子来，不用着急回来，有机会就不要错过，干我们这行是需要终生学习的，学无止境。"父亲听了舅公的话，有感动也有感伤，其实父亲的内心也是矛盾的，因为这八年对舅公、对育和堂的感情太深了。

后来舅公曾多次对别人讲："这八年是育和堂有史以来的巅峰，是因我和荣瑞爷俩太有默契了，只要是想到的事，都能做成。"我曾开玩笑地对父亲说："您和舅公在一起可发生无穷的化学变化。"父亲说确实是这样。

这件让父亲和表兄二人深以为难的事，没想到在亲人们的理解和支持下变得妥善圆满，由此促成的学业深造良机不但弥补了父亲少年辍学的遗憾，更成就了他老人家二十年的人生幸福嘉年华。

国医薛培基

入读辅仁大学预科

几天后,父亲到罗复堪先生家中汇报了亲人们对他求学深造一事的态度。罗先生听了以后,对父亲语重心长地说:"我太佩服你父亲新一先生了,家境如此困难,他还能支持你出来读书,我相信你一定不会辜负你父亲和舅舅的厚望。你可能要吃一些苦了,但受苦是好事啊,受苦是人生中的良机。古语有'苦工能恒'的说法,你要好好利用这来之不易的'苦之机遇'呀。"

罗先生还告诉父亲:"陈垣先生除繁忙的教务工作外,每日还在做大量史学注考工作。所以要经常查阅和抄写一些中外资料,需要学生们参与。你要先学习一点外文,好好利用这一难得机会。陈先生早年也是学西医的,我托人借来一本先生参与创办和编写的《光华医事卫生》杂志,里面有他的文章,你好好读一读,以便了解先生对医学的一些观点。"父亲接过书,连声感谢老师的良苦用心。罗先生接着对父亲说:"你回去听我消息,待与陈先生约好见面时间,我再通知你。"

父亲回到育和堂,每日晚上开始逐篇阅读《光华医事卫生》杂志上的文章。当读到陈先生撰写的《古弗先生之业绩》一文中对古弗医学成就的理解和评价时,深深感到先生对世界医学进展的高度关注和博大的学术胸怀。敬慕之心油然而生,愈发盼望早日成为陈先生弟子。

父亲回家后,把罗先生的话一一向祖父转述,并递上罗师馈赠的营养品。祖父对父亲说:"复堪先生对我们的恩情无以回报,我只有希望你

二、问学：开启学医之路

好好努力作为回敬吧。另外，我有一位德国朋友，是德国医院（现北京医院）的外科医生，英文、德文、拉丁文都很好，我可以请他教你外文。我们是不分彼此的好朋友。他家人和朋友的中国服装一向是我帮他们选料制作……"

过了几天，父亲在罗先生的引见下，见到了思慕已久的陈垣先生。一见面，父亲先向陈先生鞠躬行礼，接着罗先生介绍说："这就是我和您说过的那个学生，他叫薛荣瑞，从小是我领着他长大的，他的基础教育是我培养的，所以我为他取字'培基'。"陈先生一听就笑了："我们真有缘呐！我学医时，学校的董事长叫梁培基，你叫薛培基，天下竟有这样巧的事！"这时罗先生在一旁机智地接过话头儿："陈校长，我将爱徒介绍给您是今缘，我又为他取字跟您续前缘呀，您今天只有收下培基做弟子了，可千万别拒绝！"三个人一齐笑了起来。陈先生转向父亲："你的这个罗老师倚仗他和我是同乡，就跟我不讲理，和你见面前就要求我表态，收还是不收。刚一见面又将我一军，你也都听见了，你可不要学他的强人所难啊！"

接下来，父亲将自己在学医药的过程中阅读古医籍所遇到的困惑，以及罗先生、孙景泰（孙六先生）两位恩师从史入医的教导，包括自己对历史知识的渴望，向陈垣先生一一剖明心迹，恳请陈师成全心愿而收自己为弟子。陈先生听了父亲的陈述，对眼前这位谦恭的年轻人顿生惜才之意。

这时罗先生插话："我已经把您早年的文章借给培基读了，他今天带了读后的学习笔记请您指教。"父亲闻听此语，赶紧向陈师递上自己的读书笔记。陈垣先生接过但没有马上翻阅，而是先问罗先生："你哪来我的什么文章，我怎么不明白你在说什么呢？"罗先生笑着回应："陈校长，您是名冠四方的史学家，写的文章都在各大图书馆排名首位，导读很方便。我认为师徒的缘分首先是学生仰慕、寻求为师者的学问，然后是老师欣赏弟子的天赋和勤奋，所以我就在您见培基之前做了一点铺垫……"陈师指着罗先生笑道："有你的！"

此时，陈先生已翻阅着父亲做的读书笔记，一会儿工夫开始展颜含笑，还不住地点头。随后对父亲说："你的见解和功底都不错，我今天也承你的罗老师情面，你这徒弟我收下了。我这儿有些资料，你拿回去好好温温课，待明年参加入学考试。你老师说得没错，学好中医一定要了解中国历史和中国医学史，这一点确实很重要。还有一点，就是要学习一点西医基础知识也很重要。我们学校理学院现设一医学先修科，我建议你报考这个专业，同时选修史学课。我平常工作较忙，可能没有整块时间给你单独讲课，但我手里有些手稿需要誊写，你可以做我的助手，帮我誊写这些书稿文献资料。上面都是我的一些观点和心得体会，以及一些历史文献考注。你在抄写过程中有不明白的地方可以随时问我，我再讲给你……罗先生，你看我这样安排如何？"

罗先生连声说："好啊，好啊，这是小锅饭呀，培基，你真幸运啊。"父亲听出了蒙师的话外之音，赶紧跪下谢恩。罗先生趁机问："陈先生，您看何时拜师啊？"陈先生风趣地说："这不都拜完了吗？"

在回来的路上，罗先生对父亲说："这样太好了，你可以经常得到先生的直接点拨了。俗语说：读书破万卷，不如名师一点。你可千万不要认为你在帮陈先生抄资料而已，这是人家的良苦用心，精心为你设计的一条问学之路。我相信，凭你的天资和勤奋，陈先生会越来越喜欢你的。"父亲将罗先生的话默记于心，并在日后的行动中果然没有辜负先生们的期望。

二、问学：开启学医之路

[我的插话]

"苦工能恒""苦钱能久"是罗复堪先生教导父亲的两句话，也是父亲在"文革"中对我说得最多的两句话。在患难的日子里，父亲始终铭记和奉行先生的教诲，在生命后四十年一直都与苦与恒相伴，不抱怨、不自苦，把老师的教导化成了终身的习惯——在生活上恬淡素行，从没有奢华的追求；在行医的生涯中，始终将奇方奇术寓于平和之中。短短八个字一直滋养和抚慰着父亲从青年时代直至生命的最后一刻。

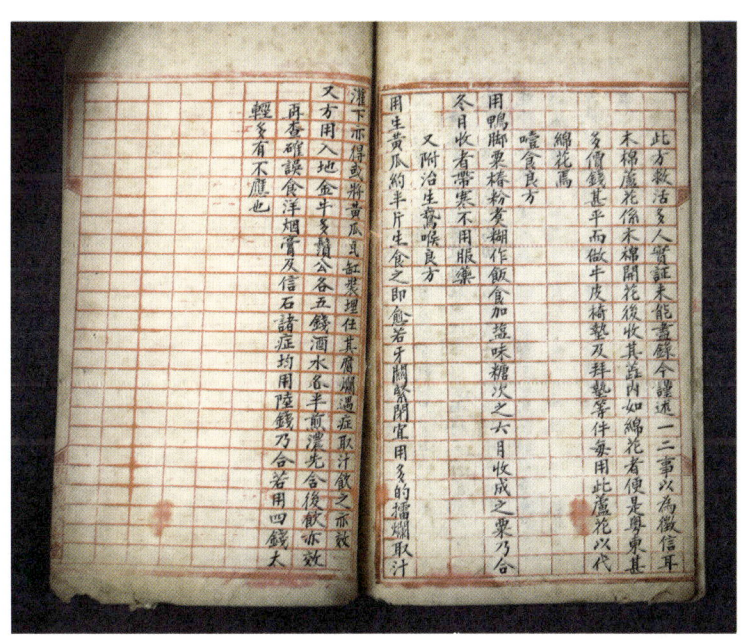

1939年父亲抄录的古书手稿

国医薛培基

老郎和小郎的中德趣话

父亲回到育和堂后，主动向舅公汇报了这几天关于自己求学深造事宜的进展，并表示在暂别育和堂之前的这近一年时间里，先带出个接班人，业余时间随时回来上班。然后利用去南庆仁堂进货的机会，到德国医院学习外文。舅公见父亲各方面考虑得如此周全，当即表示要在经济上继续支持父亲，不能让学业受影响。

于是，父亲带着祖父的信去德国医院找到了那位外科医生。这位德国医生的中国话说得很流畅，双方互通了姓名、年龄。他是1908年出生，长父亲七岁。这位先生说话很风趣："用你们中国话说，我和你父亲是平辈，你得叫我叔叔，所以我送你一个名字，以后我叫你'小郎'，但你也得给我取个中文名字。"父亲被眼前这位外国长者随和的风度所感染，虽然刚见面只有几句话的工夫，却完全没有面对陌生长辈的拘谨。于是他脱口而出："那我给您取个'老郎'怎么样？"这位德国医生一边双手鼓掌，一边跳着笑着说："你的反应好快呀！你是个小孩，我是个老小孩，以后你就叫我'老郎'好了。这两个名字，只限于我们俩之间，你看如何？"父亲也一边鼓着掌，一边笑着回答："好啊，好啊。我还可以叫您老师。"老郎连忙摆手："不好，不好，你不要叫我老师，我不喜欢，我们是朋友。语言就是一种人与人之间的交流工具，我教你西医，你教我中医，我教你德语，你教我汉语，我们就是互通有无的朋友。以后我们之间没有上课，只有聊天，聊什么，全凭兴趣需要，把当天谈话的内容写下来，反复抄写就行了。学习语言就是多说多写，写完就会，千万不要刻意背，我不喜欢那种死记硬背。刚才我听你说辅仁大学的陈校长给了你复习资料？我看咱俩每次干脆就聊你温课的内容，这样一来，你就不会有温课和学外文的双重压力了。我做事喜欢化繁为简，合二为一，因为你以后不会专门去研究德文，所以不必刻意追求语法之类的东西，能把事说明白的就是正确的语法。你将来看外文资料，说、写都会了，还愁读不懂吗？经常使用就是对语言的再学习，所以坚持说、写很重要。你们中国不是有一句话叫'熟能生巧'吗，记住这个道理就行了……"

父亲也很喜欢老郎这位德国忘年交倡导的"聊天式"教学法。时间灵活，话题有趣，对专业有助益。有时父亲去找老郎，碰巧他没时间——因为外科医生的手术时间不是自己完全可以掌控的，父亲就会把温课的资料放在那里。待老郎有时间看过后，就会去找父亲——老郎说："我自己有车，比你来找我还方便，不用客气，这样咱俩就可以把彼此的休息时间利用得更有效，互相学习的时间就多了一倍，这样的事我喜欢！"

[我的插话]

去德国医院学习外文前，父亲每次去南庆仁堂进货，总是当天去当天回育和堂。为方便学习，在得到舅公的赞成后，便改为每次在外住一个晚上，第二天下午再回来。这样的学习方式，父亲坚持了三年多。在这期间，父亲不仅在和老郎学德语，还学习了生理解剖等一些西医的基础知识。父亲说，在跟老郎的互动学习中，他还学会了做事要有认真的态度以及很多有趣有益更有效的学习方法。人生的方向确定后，少一些刻意自苦，多一点坚持和留意，就会起到事半功倍的效果，但只有有心人才能体会到。的确，"人生的风景在路上"，这是数十年后再回想父亲的话而得到的感悟。

国医薛培基

亦苦亦甜的大学生活

1939年,顺利通过辅仁大学入学考试的父亲拿着入学通知书去见舅公。舅公除了为自己的外甥高兴外,又嘱父亲:"一是照顾好你太太(那时父母刚结婚不久),不要太苦着自己;二是常回来看看你父母和我,我们都惦记你。"

父亲入学后,因为之前高中没有念完,诸如数理化等很多课程都没有学过,幸好有表兄马江每晚到家中给他辅导,总算还能跟上辅仁大学设定的学习进度。

在这段宝贵的大学时光里,父亲除了正常上课外,在课余时间还抄写陈垣先生的书稿和到图书馆查阅文献资料。陈先生在无意中发现父亲誊写的书稿不仅中文写得工整,连德文字书写得也很漂亮,有些文字的简译也很准确,就问父亲是在哪儿学的德文。

父亲告诉陈师:"我在来辅仁之前,就常听罗复堪先生介绍您的学问和文章。在罗先生的指导下,我读过您的一些书籍和文章,如《史讳举例》《中西回史日历》《论江督考试医生》《张仲景像题辞》《古弗先生之业绩》《敦煌劫余录》等文章。在来学校之前,罗先生和我的表兄都告诉我,您是主张中西文化交通的,于是就向我父亲的朋友——德国医院的一位外科医生学习德文,我这个德文老师对中国语言也极为精通,所以他把您的几篇文章给翻译成了德文,我在一旁观摩和练习,由此得到一点门径。我抄写您的这些书稿中的一些外文资料,都是他指导我翻译的。"陈师听后点了点

二、问学：开启学医之路

父亲（左）与好友李佩生（中）、赵润生（右）在颐和园留念

头，满意地说："你好用心啊。"

父亲在抄写陈先生文章的时候，对文中的不解之处，先是查阅相关资料，找到的答案备记在册，实在找不到答案的再询之于师。老师释义明确后，父亲记录下来，再重新抄写，装订成册。这段沉浸在系统学习各种理论知识的时光，日后父亲每每回忆，都说是"最高兴最满足的日子"。

陈垣校长曾多次对罗先生说："非常感谢你为我介绍这个学生，这个孩子不仅有超常的强记和善悟的天分,更重要的是,他有一般聪明人所不具备的素质,那就是刻苦精神和朴素品格,他的恬静沉实在年轻人中尤其难得。"

[我的插话]

正如罗复堪先生当初的预言,父亲在辅仁大学的求学岁月非常艰苦。然而仰赖恩师、亲友的帮助,父亲一次次渡过了难关。

首先父亲的表兄马江一直资助他学杂费,后来又在祖父好友——荣宝斋经理王仁山先生的介绍下,母亲为有钱人家和琉璃厂的一些店铺做些绣工活儿以补贴家用。再有外祖父实在心疼自己女儿女婿的清苦,就定时给送些米、面及日用品……在来自各方的爱意支持下,父亲求学的日子虽苦犹甜。

一次,陈垣先生看到父亲的笔记本都是用旧报纸装订的,就对父亲说:"学习笔记是需要长久保存的,将来会用到。你用这些纸做笔记,难保不折损误事……"父亲笑而未答。陈先生从父亲的眼神中,及看他较初来学校时清瘦了许多,猜到这个学生肯定经济上有困难,于是每月都会给我父亲一些零用钱和纸、本等文具用品,直到华北国医学院毕业。后来父亲常对我讲:"生我者父母,培养我者陈师。"

医史兼修的命运安排

父亲起初的本意是读完辅仁大学的课程再入华北国医学院系统地学习中医，但在大学读到一年半的时候，父亲通过与陈垣校长的接触，已完全沉浸在学历史的兴趣里，甚至学医的念头产生了动摇。他曾经几次向罗复堪先生吐露自己的愿望——留在陈师身边当助手。然而，也许是命运的安排，一个人物的出现让父亲非但未能如愿，就连在辅仁大学该修的课程都没有完成。

事情是这样的，一个偶然的机会，父亲在陈垣老师家里认识了中医前辈安幹青[①]先生，安先生跟父亲谈起了汉朝历史。父亲问安老师："您是医学前辈，张仲景被称为医学之圣、众方之祖，对中医的贡献这么大，陈先生说近两千年中国历代名医，竟莫能出其右者。为什么在史学记录里却没有他的传记呢？"安先生问父亲："你为什么对这个问题有兴趣呢？"父亲回话："幼时我跟舅舅学医，常听先辈们对仲景先师赞誉。后来读起《伤寒论》时，对里面的内容我一时还不能读懂，但对其中文辞的简美很喜欢，尤其是序言，把当时的社会现象和中医状况描摹得那么形象和耐人深思，

[①] 安幹青，全靠自学，并无师承。近40岁才开始行医，50岁在京已有一定知名度，到60岁就被誉为京城名医。擅长治疗风湿寒热病，尤其治疗伤寒很有把握，曾在国医学院多次讲授《伤寒论》，但最后竟逝于伤寒。

起因是庆颐堂药店经理患伤寒向其求医，他明知此病传染性强，却不顾个人安危多次出诊，结果治好了病人的伤寒，自己却被感染。从此一病不起，几经反复，于1946年秋去世，年仅62岁。

一千多年前写的文章现在读来好像是在说今天的事。有人说他是医学圣人，我看不只是医学圣人，在文学、社会学、哲学等方面都堪称圣人。"

安先生对父亲的见解深以为然，便随口问："你这么喜欢张仲景，假使有机会，你想深入了解《伤寒论》吗？"父亲未加思索地答道："当然想啊。"一老一少当时都未能料到，就这样几个回合的简单对话，父亲的另外一条幸运之路即已铺设。

在那天的交谈中，安先生还聊到了自己在施今墨先生创办的华北国医学院主持教务工作，对这所民办院校的课程设置和师资力量甚为赞叹——与当时的官办大学相比，华北国医学院可谓名医耆宿汇聚，教学环境上乘……父亲被安先生的精彩介绍完全吸引进去了。

在一次聊天中，安先生特意向陈垣校长打听父亲的情况。陈先生遂介绍："那个孩子是罗复堪介绍给我的，曾经在药店学过徒，现在我们学校医学预修科学习，将来准备考华北国医学院。他现在是我的助手，还会些德文，文学底子也不错，是复堪给予的启蒙。他不仅悟性好，还特别勤奋刻苦，一点就通，你交给他的事儿，总会又快又好地提前完成。"

安先生听后也有同感："是啊，我开始以为，一个中药店的学徒，可能也就是拉拉药匣子而已，没想到他从植物生长特性，到药物各种炮制方法对功效产生的变化，甚至古今药名的称谓，产地的变迁，他都有了解……"陈先生补充道："他不仅懂药，还能看一些常见病，只是理论还不行，所以他要去华北国医学院继续深造。"安先生说："现在有一个机会，施今墨先生门诊病人特别多，所以准备选几个优秀的学生跟着他侍诊抄方，这个孩子若能被施先生看中，可是一个难得的机会。"陈先生说："好是好，可他的学习课程还没有完成呢，再说他走了，我手头的工作交给谁呀？你是知道的，人虽多，但找一个好学生可不容易！再说这事还要和他本人商量，他若同意，施先生又能看得上，那对他的前程就太有好处了，到那时我也就只有忍痛割爱喽！"

在一个周六的下午，陈先生找到我父亲说："你今天下课后，到我家里去喝茶吧。"父亲一听说老师让他到家里去喝茶就特别高兴，因为每次老师说去他家喝茶的时候，都会对父亲有一些特殊的恩惠，可能给讲些什么，或者给派个小活儿。当时父亲特别希望老师给派活儿，常常是老师让他做的事也正是他最想知道的问题。还有的时候，老师这一天谈的，正好是第二天老师在课堂上讲的内容。所以说，父亲听到老师让他去喝茶，他自然是很高兴地去了。

到了陈先生家中，父亲这才恍然大悟——原来今天老师对自己有重要安排。陈先生建议父亲好好把握施先生招徒弟的机会，他说："施今墨先生是我很敬佩的人，他是一个中医的革新家，所以你到华北国医学院去读书，我是支持的。另外，华北国医学院设有国文、德文、日文课，提倡中西文化汇通，集诸家之长，取长补短的。你能有机会跟随施先生学医，是你的幸运。我和施先生是好朋友，我们经常在一起讨论关于国学和医学、国学与西方文化的沟通问题。你到华北国医学院后，利用课余时间还要多去和安先生请教，他是你的伯乐，你要和他形影不离，学习一个'活'的安老师。"父亲听了陈师的嘱咐，内心的感激之情一时竟不知如何表达。

父亲曾多次对我说过这样的话：陈师待我如师如父。就这样，父亲在安老师的引荐下考进了华北国医学院，成为了施今墨先生的及门弟子，开始了他的学医、兼修历史的人生之路。

三、师医
正式拜师施今墨先生

如鱼得水

如鸟翔云天

日子啊

请再多一些晴川历历欢喜满怀

国医薛培基

就读华北国医学院,侍诊名家

父亲从辅仁大学肄业后,首先登门拜访安干青先生,向他请教对自己学习生活的安排。安老师告诉父亲:"中医是一门实践性很强的学问,在学校系统学习基础知识之后,必须读书与临床结合。我和施今墨先生认为读书宜先从《伤寒论》开始,仲景先师的书读懂了,便会读《内经》,便会用其理论指导临床看病。更为重要的是,仲景把《内经》一些靠意会的东西用临床案例解释得清楚明白,并启人心灵,将《内经》理论活用于临床之中。正如《伤寒杂病论》的序言中所云,'若能寻余所集,思过半矣'。现在离华北国医学院招生还有三个多月的时间,施先生平时诊务繁忙,加之学校和社会上的一些事务性工作,所以没有时间给徒弟们讲课。但如果不讲,你又很难跟上老师看病的思路,所以我和施先生商量好,你每天上午去施先生诊所侍诊抄方,因为你还有些随师侍诊的基础,这个工作对你来说不太陌生。另外我从魏舒和(施门早期弟子)那儿借来他随施先生侍诊的病案记录,你先熟悉一下,看看施先生的处方书写有哪些要求……"

父亲边认真倾听边做记录,为安先生的良苦用心感动不已。又听安先生说:"施先生还建议你下午或晚上去听一位朱老师(朱壶山[①]先生)给你系统讲解《伤寒论》。你在随施先生见习诊病时有哪些不明白的地方,都

---

① 朱壶山,河南省桐柏县平氏镇人(今属安徽),性聪颖而淳朴。素主中西文化汇通,曾任华北国医学院教授,讲授《伤寒论》《内经》等课程。有《伤寒杂病论精义折衷》《内经讲义》《内科讲义》《伤寒论通注》《杂病论通注》刊行于世。

三、师医：正式拜师施今墨先生

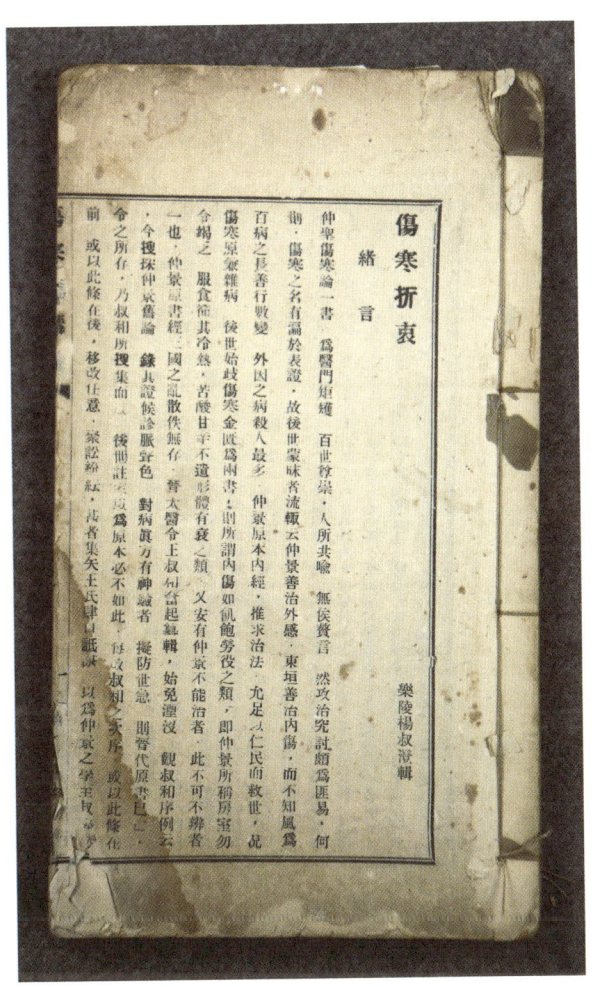

华北国医学院《伤寒论》讲义

记下来，向和你一起抄方的师兄们请教——现在有几位早期的弟子在给施先生抄方，他们对老师的思路较熟。施先生在看病过程中经常和病人随机交流的一些话，你也要用心捕捉，如此积累日久，分门类编撰'侍诊见闻'，这样可以让你入门很快，也容易得到学习的乐趣……"

听到这儿，父亲有些不解：因为在陈垣先生家已经讲好的，除了在学校上课外，要和安先生形影不离，学习一个'活'的安先生。目前这样的安排怎么能'形影不离'？安先生看出了父亲的疑惑，笑着说："过一段时间你就知道了，你是离不开我的，你累了，来我这儿喝茶就行了。"父亲听到安先生说"喝茶"二字的时候，一下子又想起了陈师让他喝茶时的情景——安先生说的喝茶，会不会也和陈师一样？

两天后，父亲在安老师的引荐下，见到了施今墨先生。施先生第一句话就说："安老师已把你的情况告诉我了，你是陈垣先生的学生，学历史的。你能告诉我学习历史的现今意义是什么吗？"父亲虽初见施先生，但丝毫不紧张，因为眼前这位长者待人和蔼，让他有一种似曾相识的亲切感。那时他并不知道自己面对的竟是医界翘楚——京城四大名医之一，所以就很自然地回答说："学习历史的目的就应该以古为鉴，对古人的知识、经验，能够多为当今所用。"施先生听后很满意，说："你说得对，学习历史能够做到化古为今就好了，有人学习历史，读得回去却跳不出来，读得不能进步，认为什么都是古的好，这是读历史的人最容易出现的问题。社会在进步发展，古人有很多宝贵的知识财富，有些的确需要继承，但其中也有些是具有时代特质的，随着时代的进步，已经没有什么现实意义了，所以不能照单全收。安老师介绍你来跟我见习，我每天病人很多，也有一些自己的习惯看病方法，你得知道我怎么看病。今天送你一部书，你回去好好读

三、师医：正式拜师施今墨先生

读，我的看病方法、病案书写要求等，这本书上都有。"说着，施先生递给父亲一套祝谌予先生在1940年编著出版的《祝选施今墨医案》。父亲恭敬地接过书，向老师鞠躬致谢。

就这样，父亲上午跟施先生门诊抄方，下午或晚间跟随朱壶山先生学习《伤寒论》。施先生每日病人甚多，日达百余号。看病时满面春风，谈笑风生，对病人手挥目送，全然没有名医架子。父亲后来常对我讲起的不仅仅是施老的高超医术，还有每天能亲见施先生临床悬腕云水风度的莫大享受。

父亲随施先生抄方一月后，施老发现这个学生向病人交代服药方法、注意事项以及服药后反应的时候，言语神态都极像自己，尤其对初诊病人的耐心劲儿更是一般初学中医者所不太注意的。对一些疗效甚为明显的患者，这个学生还会问询其饮食起居、兴趣喜恶等生活细节，以及服药后的气味感觉等，并一一记录。一天看完病人，施老问我父亲："你能说说为什么要做那么多看病之外的功课，并且还在学我说的一些话吗？"父亲暗自赞叹：老师那么多病人，居然还能观察到我做事的一些细节！于是他稍微思索了一下说："安先生嘱咐我，和您学习，要先学老师的貌，才可能由形似渐入神似。我发现您看病除了诊断准确、方药灵验之外，还有一个情况，就是一般医生问诊所问不出来的疾病线索，您用聊家常的方式，病人就会和您滔滔不绝地提供出很多有价值的信息。我感觉除了病人对您的信服之外，还有一点是您说话的方式和语气。我的另一个感觉就是每换一个就诊病人，您只要跟他说上一两句话，就能和老朋友聊天一样，很快就熟悉和了解到病人的重要情况。病人在您面前一点儿不紧张……"听到这里，施先生下颌微点，脸上浮现出欣慰的笑意。

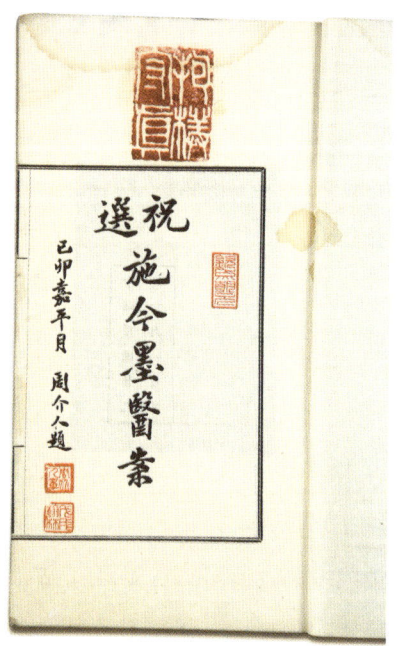

施先生初识父亲时所赠

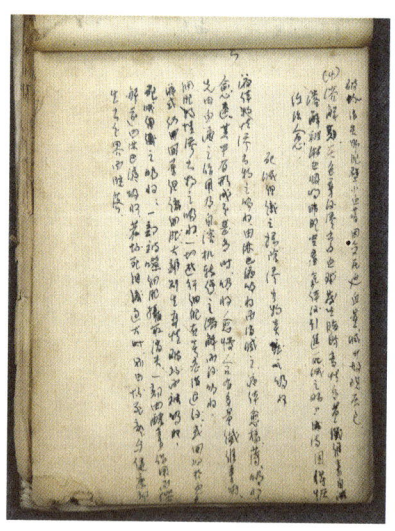

父亲在华北国医学院读书时的听课笔记（内页）

三、师医：正式拜师施今墨先生

择精取要学习法

父亲拜识了施今墨、朱壶山二位老师，使得他在考入华北国医学院后的学习生活乐趣斐然。这对于一个初入医门的学子来说，当然是一个可遇不可求的天赐机缘。但因父亲凡做一事必求尽善的性格，也曾让他颇为时间紧迫而感到焦虑。为此，他曾向陈垣先生求教，如何将有限的学习时间安排得从容有序和尽得实效。陈先生给了父亲"择精取要"的四字心诀。

父亲常说，老师教书是把书给讲厚了，学生听课是把书给学薄了。例如《神农本草经》《黄帝内经》《伤寒论》《金匮要略》等，均为几本小薄书，最多不过两三万字，经过历代先贤的注、疏、释、讲、衍、进，后来便形成了浩如烟海的丰厚著述体系，此即书越讲越厚之例。然而，凡事愈益精简奥妙，又非择精语而不能得其神髓。例如清代明达陈修园之"熟读《伤寒》三十年，悟出三个字'存津液'；熟读《金匮》三十年，悟出四个字'和以甘药'"。还有金元四大家的"重脾胃""专主火""主攻破""阳常有余，阴常不足"等，皆为书越学越薄之榜样。

听了陈垣先生的建议后，父亲留意到一般四十五分钟的一堂课，实际上重要的知识点最多不过十分钟，甚或两三句话的关键点。所以只要上课时专心听讲，充分利用好课堂时间，再写好自己能明白的课堂笔记就可以了。老师留下的课后作业，父亲一般都是稍加整理一下课堂笔记，在学校就完成了。学校的作业完成了，心情自然轻松了。还有关于自习课的利用，父亲是这样说的："自习课是我的预习时间，以培养自学的习惯和能力。在预习中有三种可能，一种是自己理解了的内容，和老师讲的一样，时间久了，就会与老师的思路越来越接近，形成思维方法默契；一种是与老师所讲的不一样，这样就有问题可提出了，通过老师的讲述，自然会加深印象；还有一种可能，自己未能理解清楚的部分，我称之为知识难点，听了老师的讲解后，我自然会记下笔记来强化理解和记忆。"

据父亲说，当时在华北国医学院读书时，同班同学里面，他最年长，入学时已二十六岁了，其他同学大多是高中毕业后即考入的。还有一点，父亲入学初期，就开始随师抄方侍诊，并在家中开设诊室为人看病了。所以在学校听课，常是带着临床问题的。当时的授课老师，大都是自己开业的临床医生，相对而言看病比讲课更为擅长。每次父亲在课堂上向老师提出的问题，老师的解难都能让父亲觉得特解渴。时间久了，父亲慢慢引起了几位老师的注意，发现十一班有个叫薛荣瑞的同学，课堂所提问题的内容多是中医理论与临床如何对接的方法问题。

一次，几位老师正在办公室谈论父亲的时候，被安幹青先生听到了，于是他就把父亲的情况向各位老师做了介绍。那几位老师分别是讲《伤寒》《金匮》的杨叔澄先生、讲《分类实用药物学》的顾膺陀先生、讲《针灸》的牛泽华先生，还有当时代理院长兼日文老师的黄济国先生。日后安先生将父亲又逐一向各位老师做了单独引见。

自此，父亲不仅在课堂上，在课外也经常到老师办公室去请教一些自己在临床中的困惑，以及读书时的不解。常常是这种发现问题、提出问题，及时应用老师们的经验解决问题的问学方法，让父亲屡得佳惠——不但时间把控自如许多，学习效果也明显改善。

三、师医：正式拜师施今墨先生

大处着眼，细微处落目

父亲晚年和我在一起聊天的时候，每每会将"大处着眼，细微处落目"这句话挂在嘴边，并曾多次对我讲，这句话乍听起似乎有点矛盾——既然在大处着眼了，为什么还要在细微处落目呢？着眼与落目到底有什么不同？

事情要从父亲在华北国医学院的学习说起：当时学院的课程设置中西医比例是7:3。国文与外文课时比例是1:1。两门外文课程分别是日语和德语。之所以设定这两门外语，原因是当时西医水平在世界处于领先地位的是德国和日本。父亲因去华北国医学院读书前，就和德国医生老郎学过一些德文和西医基础知识，加之随陈垣先生学习时，也看过一些德文文献资料。所以入校学习德语时，较一般同学都体现出一些优势。

因了这点优势，学习中颇爱琢磨"文化差异性"的父亲逐渐发现一种现象：中国文化尤其重视事物整体，考虑问题多从宏观方面着眼；而德国文化相对侧重事物的微观具象方面。中医和西医也是这样，中医在临床精于气化功能而略于格物，西医则详于行迹变化而拙于气化。宏观者自然是大，微观者自然是小。从文字上讲，将宏观易大，微观易小，"大、小"于"宏观、微观"而言，其义更广，换句话说，后者可含前者之义，但前者不能与后者完全等同。

当时任教德文课的陆凤纪老师讲课风趣幽默，活灵活现，通过中西文化故事对比印证，让学生产生深刻记忆，不是一天到晚靠重复枯燥背诵、抄写的疲劳式学习，而是通过日常生活、做事方法、人生信仰等诸多文化层面的生动事例，引发学生的兴趣和掌握语言规律。到后来，父亲不仅在学校听陆老师的课，还经常到先生家里求教。时间久了，陆先生一家也经常到父亲的住所来喝茶聊天。陆先生的家人有些大病小恙也都请父亲给予诊治。父亲就是在和陆老师学习德语的过程中，逐渐形成了自己既有中国历史文化的宏观方略思想，又有德国文化的不失细节、严谨求实的科学态度，凡是未经刻意，皆为自然融贯的二点论的思维方式。

父亲这一点，也特别受到施今墨老师的喜爱。施先生曾对父亲说："你这种在生活中不拘小节，在学问上不失细节的风格，我喜欢。"

[我的插话]

陆凤纪先生曾给父亲出过一个题目：医生是治病救人的，你能用最简洁的语言说明"病"的概念是什么吗？父亲反复思索后，用一百字左右给"病"下了个定义。陆老师看后，并未多说什么，只是夸赞他写得不错。事隔一月，陆老师看似不经意地提起："还记得上次，你是怎样描述'病'的吗？"父亲当即一愣，有些惭愧，不得不承认，反复琢磨出的东西，竟然连自己也印象模糊了。

父亲继续几次对这段文字进行删润，可每次陆老师都只是笑而不语。最后父亲以"异乎常态"四字向老师交卷。陆老师看后眼前一亮，大笑道："太好了！言简意赅。这样你还会忘吗？"父亲遂明师意。

三、师医：正式拜师施今墨先生

正式拜师施今墨先生

父亲随施今墨先生侍诊三个月后的一天，先生问父亲现在读什么书，父亲据实答道："老师您是知道的，我正在跟朱壶山老师学习《伤寒论》，有时间还读您送给我的《祝选施今墨医案》。在学习《伤寒论》的时候，朱老师每讲完一条原文后，都会从现在临床的角度，讲一些您的经验和见解。另外朱老师告诉我说您喜欢张石顽先生的书，所以大多时候，他还对其条文见解附以参讲。"

施老笑着说："好啊，《伤寒论》是医家终生必读之书。熟读《伤寒论》可以启迪临床思维，并且能将临证所得上升为理论，仲景均在无字处给以示法。从《伤寒论》走向临床，张石顽之书是一个典范。石顽先生是临床学问家，读石顽先生的书便能辨证，便擅诊断，便会用药，便识脉法于医药。治病之道，思过半矣。"施先生转而问父亲："你跟我抄方是什么感觉啊？有什么要问我的吗？"父亲把自己整理的随师诊病记录呈给老师。施先生看到用毛笔抄写整齐的医案，并有多处用三色彩笔所画的横线和圈点等，便问父亲这些彩笔标记的原因。

父亲答道："这都是我不明白的地方。绿线是我从您送我的书中查到的答案；黄线是我向师兄请教的；红线是我现存的疑问，想在您有时间时请教的。前两者不知是否正确，想请您给予指正。"施先生看后，脱口而出："幹青啊！幹青！你回去和安老师说，你这个徒弟我收下了。"随后，施老把父亲所提的问题给予了简洁明晰的解答。

父亲太高兴了，自己的学习方法得到了老师的认可，这意味着找到了进步的正路。离开施先生的诊所，父亲喜形于色地去见安老师。一进门，安先生就笑着说："施先生今天说收你做徒弟了吧？"父亲惊讶地问："您怎么知道的？"安先生幽默地说："你脸上写着呐！"父亲不好意思地笑了，随后又听安先生道："我当初向施先生推荐你时，人家就说'你介绍的人我可以先收下，三个月为限，如果不像你所介绍的那样，我完璧归赵'。"父亲这才明白了其中的原委。

接着，父亲对安先生谈起了自己最近随施老侍诊感觉好像时时在温习朱壶山先生的讲课内容。比如有一案例，简直就像两个人商量好了一样，只是个别药物的炮制有点区别。那是一位三十一岁的女性患者，月经后错十余日，经前腹泻四五日，经水而至，月经量少色淡，口中泛酸，经行后大便反结，余皆如常，病人舌边淡暗苔中白腻，左脉弦细，右脉细滑，尺脉极弱。如此已二年余。

施先生的处方：米党参三钱，苍白术各二钱，赤茯苓四钱，赤小豆四钱，血余炭六钱（禹余粮三钱同布包）。炒萸连各钱半，炮姜钱半，玫瑰花钱半，玳玳花钱半，炙草梢一钱，水煎服日二次。患者来诊时，正是经前腹泻第一天，服完三剂药来复诊时，告之服药两剂即见功效，由原来日泻四五次，减至为一二次，且由溏便转为软便。施师嘱经后服八味肾气丸，至下次行经前五日，再来复诊。方中药味，与朱师所讲"理中汤应用及加减方法"简直如出一辙，只是药物由生用改为炒炭，效验极速。

父亲讲到这儿，安先生接口道："施、朱二位在学问上的默契很深，因为他们都崇尚仲景之学，临床都喜读张石顽先生的书，在学术上均提倡中

三、师医：正式拜师施今墨先生

施今墨先生60岁留影

西医应在临床中融会贯通。所以办学之初，《内经》《伤寒》《内科学》均由朱先生讲授。朱先生讲课多联系临床实际案例，其中很多案例均出自施先生验案，这也是我安排你同时跟两位老师学习的原因。"

[我的插话]

机会总是垂青有准备之人——此言不虚。侍诊施今墨先生期间,父亲每天都会记录老师的诊病脉案,回家后再按人、按病、按证、按方分类抄写,加以对照,对其中不明之处通过自己查阅《祝选施今墨医案》和询问师兄们,分别画线标记,最后请施师过目。不管多累,当日医案也做到当日抄写,随时在老师有暇时准备提问。所以这一次施师提问时,父亲当时就拿出事先准备好的本子交给老师。事后才知道,这种学习态度也是施先生最满意的地方。

1988年2月25日在顺义中西医专家门诊部发起成立施今墨医药学术研究中心合影,图为发起人。左起薛钜夫、薛培基、祝谌予、翟济生;右起施如瑜、李介鸣、施小墨。

四、恩遇
一人多师之路

灿烂深邃

如仰望宇宙之丰美

七位恩师的期许

引领父亲毕生知行合一

国医薛培基

一人多师之路

父亲随施今墨先生侍诊抄方三个月后,安幹青先生通知父亲:"施先生同意收你为徒,咱们得筹备个拜师仪式。我是你入师门的介绍人,陈垣校长、朱壶山、寿石工①、张文修四位先生是你拜师的见证人。另外还有几位施先生早期的弟子一起参加。拜师的时间就定在十六号上午吧!"父亲于是依言而行。

拜师会那天,父亲和几位师兄早早来到会场一应准备妥当迎候先生们。其中一位董德懋师兄说:"今天的拜师会,所请的各位前辈身份有些特殊,施老师提议就不按拜师会形式举行了,改以茶话会,以便大家自由畅言。"父亲回答说:"一切听从老师和师兄安排,我做好服务就是了。"

说话间,大家陆续到齐。施今墨先生开场道:"首先感谢各位的光临,我和幹青商量好,今天收徒就不按传统拜师程序了,但培基的拜师礼还是要行的。只是不但给我一人磕头,对今天所有来的老师都要行礼。原因是我和培基的师徒缘分有些特殊:培基本来是陈校长的爱徒,结果被幹青给抢来了,幹青感觉陈校长的弟子太优秀了,又介绍给我和壶山兄了。另外,我听壶山兄说培基经常向石工先生、文修先生学习欣赏书画艺术。石工先生和我是山西大学堂同学,文修又是我多年的至交,我认为培基和各位老师都有师生情缘,所以我提议,我们几位老师一排坐好,让培基给老师们

---

① 寿玺(1886—1949),字石工,亦作石公、硕功,别署甚多,印丏、珏龕、縠龕、南方墨者、竹斐居士,均其习见者。浙江山阴(今属绍兴)人,为鲁迅先生启蒙师寿镜吾之子。性不喜吃鱼,因榜其室曰不食鱼斋。

磕头——这个联合收徒仪式，大家说好不好？"

现场的先生们交口道好，对施先生的学术胸怀更是钦佩。当下施今墨、安斡青、陈垣、朱壶山、寿石工、张文修六位先生依次正襟危坐，父亲宁神敛息，恭恭敬敬给诸师磕头，礼毕，向各位先生献茶……那一刻，天地静肃，父亲年轻的心中却幸福云涌——从此，他走上了一人多师的幸运之路。

这时，在场的人都为朱壶山先生的一句话忍俊不禁："施先生不愧是中医的革新家，革新创举随处都有体现啊！我只见过一个老师同时收若干弟子，还没见过一个弟子同时拜六位老师的。培基啊，你太幸运了、太幸运了——磕了一次头，就连拜几师；再有就是我幸运了，收他一个弟子，给我磕了两次头！"

[我的插话]

父亲的拜师仪式之所以定在同盛饭菜馆，是因为这家菜馆是施今墨先生收徒经常去的地方。因此只要告知是施先生收徒，餐馆上下就知道怎样布置环境和所需用品。父亲说，那个幸福难忘的时刻是1941年8月16日的上午11点钟。

那天，父亲从安斡青先生手中接过拟邀到场者的名单，然后赶紧去了荣宝斋找祖父好友王仁山先生订制请柬和签到簿。拿到请柬后，父亲按照名单一一登门呈送恳请——施今墨、安斡青、陈垣、张文修、朱壶山、寿石工六位先生和李树仁、魏舒和、董德懋、胡荫培四位师兄届时莅临。

拜朱壶山师父磕了两次头

前文的拜师会上，朱壶山先生所言"收他一个弟子，给我磕了两次头"之事，也是一段佳话。

父亲去华北国医学院读书时，朱壶山先生已经很少在校任教，因此二人并未相识。父亲只是耳闻先生是儒而通医的大家，素主中西文化汇通，不但勤于著述，更重临床经验总结，平生所论，尤切实用，与那些推演医论至精而不能指导实践的虚浮之言有境界之不同，因此早已心向往之。

父亲是带着安幹青先生的推荐信和自己手抄的《壶山诗集》来到朱先生家的，满心渴望即刻见到真人。哪料进了朱家大门后，家人却只让他在门房里等着。当终于有一位与自己年龄相仿的人将他带进先生书房，时间已过去了近两个小时。可一进书房，父亲便愣住了——施先生、安先生、陈先生，还有三位当时还不认识的老先生都在场。几位先生看着父亲都笑而不语，让一向镇定从容的他一时有些不知所措。

此时施老的一句话给父亲解了围，"快坐下吧，你被录取了"。父亲心想，"难道是陈、施、安三位老师说服朱先生收我这徒弟不成？"不管这些，总算有台阶下了。父亲走上前给各位先生深深鞠躬问好。这时安先生对父亲说："你看看外边——"父亲顺着安先生所指的方向看去，发现面对的正是自己刚才等候的门房。哎呀，看得太清楚了！原来自己在等候时的所作所为始终在诸位老师的观察之下。接着安先生向父亲介绍了尚未认识的三

四、恩遇：一人多师之路

位老先生，分别是朱壶山先生、金石名家寿玺（寿石工）先生和妇科名家张文修先生，父亲分别鞠躬致敬。

见礼完毕，朱壶山先生说话了："我本已闭门不收徒了，是你的陈老师、安老师，动用这几位老神仙来当说客。我看你还有些静气，就破例收下你。我这人很怪，你若不适应，来去是自由的。"

父亲这时把目光转向朱师，看见这位先生目光里透着几分威严，似乎跟亲切慈祥的面容反差很大，心想"这老师确实有点怪"。倒是父亲的反应也很快，连忙说："只要能得您的教诲，我一切都会随顺老师的。"说罢，马上跪下给朱先生磕了三个头，并献上自己手抄的《壶山诗集》和安师的推荐信。

朱师起身接过本子，翻开后好像有点儿没想到——这个学生会如此用心，把自己的诗集全本抄录，写得字迹工整，居然整本看不到墨重墨轻和涂改的痕迹；更意外的是字体，正是自己喜欢的汉朝杜度体。

朱师看到这儿，一边将本子给张文修先生传阅，一边问父亲："你为什么要抄写诗集给我呀？并且还用我喜欢的字体？"

父亲答道："常听人说，诗如其人，字如其人，我听安老师讲过您的为人后，决心要学您的为人之道。"父亲是这样说的，也确实是这样做的。他一生都在奉行朱师所提倡的治学要严谨和创新不离宗的为医之道，以及平和不张扬的做人之道。

朱先生听后，喜笑颜开，说："你太像我年轻时候了，我当年拜唐先生为师，也和你今天表现差不多。"接着再问父亲的岁数，当听说这个新弟子今年刚好二十六岁时，不禁连说："有缘分、有缘分，我当年拜师是二十七岁！"

说到这里，已是满面悦色的朱先生回过头来问张文修先生："你看像我的字吗？"

张先生笑道："确实有点儿意思。别看字仿得有些生硬，细看还真有和你神似的地方，而且多了一点天真。"说着将诗集又传给其他几位先生看。

张先生接着对父亲说："你可以学朱老师的学问，可别学他的'干、哏、倔'……"在场的先生们听了这话都大笑起来。

朱先生从后屋叫出了几位年轻人，对父亲说："这几位都是你的师兄，以后你要和他们多交流。"师兄们做了自我介绍，他们分别是：王幼扶、王捷一、于振华、满恒孝、陈伯咸、乜竹溪、陈慎吾、杨云五。随后，朱师还请出师母跟大家见面。

这时，陈垣先生站起来对大家说："大家可能还不知道，是我和安先生共同安排了今天的拜师会。我和壶山是故交，培基是我的入室弟子，今日一聚，对培基来说是缘分，也是幸运，所以我替培基向壶山兄和各位表示感谢——今天由我做东，在丰泽园邀请大家共进午餐。"

这"拜同一师，磕两次头"的不平常缘起，开启了父亲跟随朱壶山先生长达六年的学习生活。在此期间，先生为父亲讲授了《伤寒论》《金匮要略》《血证论》等著述。

四、恩遇：一人多师之路

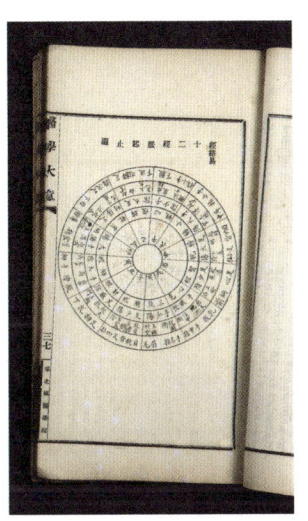

华北国医学院《医学大意》讲义

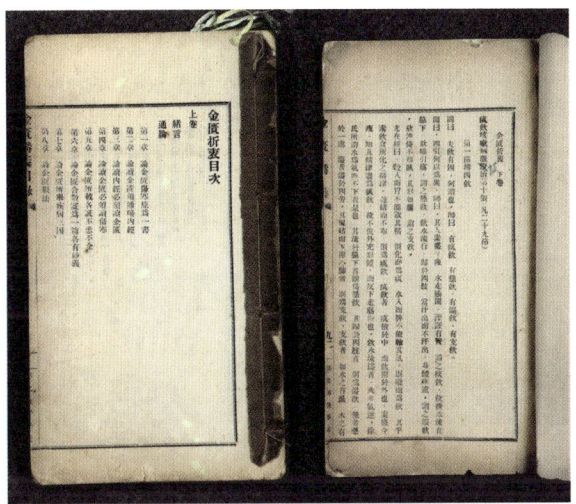

华北国医学院《金匮要略》讲义（上下卷）

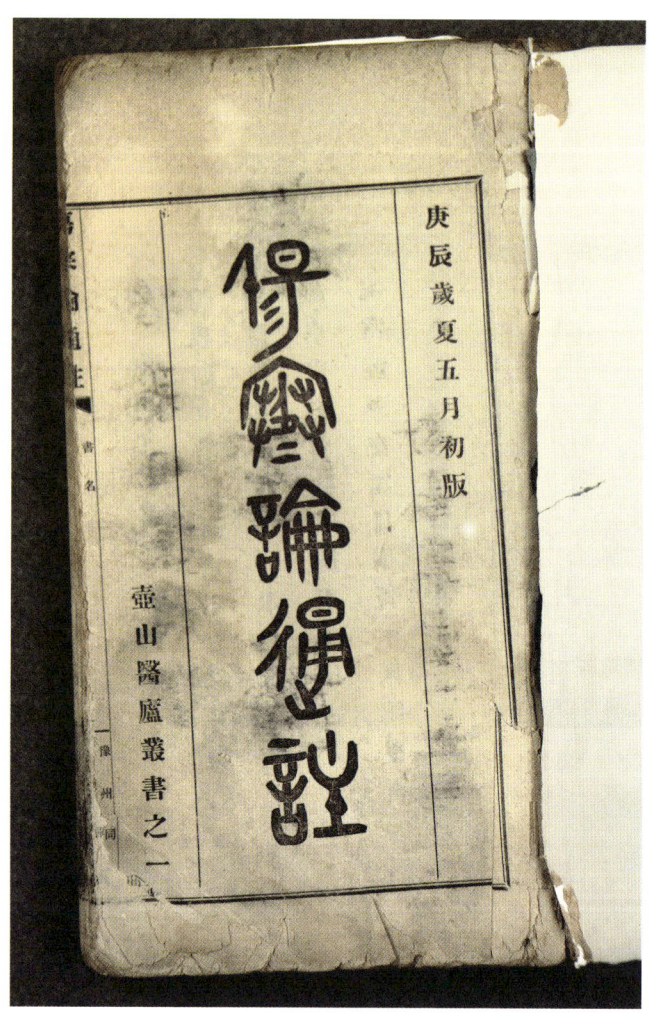

1941年父亲跟随朱壶山老师学习时,朱老师讲授的《伤寒论通注》("文革"时期被抄走,后归还。此图为书本扉页)

四、恩遇：一人多师之路

施今墨先生在家中

国医薛培基

德术参修的施今墨先生

父亲常说:"看施老诊病是一种享受;听施老唱方,可使人陶醉。老师医术高超自不必论,其医德之高更是我辈的榜样。"

父亲曾给我讲过这样一个故事:有一失眠女性患者,四十八岁,多医未效,深以为苦,请施老治疗,仅服五剂,一诊而愈。后因患他病复诊,又见到施老,告诉施老说:"我在请您看之前,曾服某名医之药月余,没效,而服您的药只五天就把十多年的病给治好了。"

施老笑答:"那是因为吃人家的药,已经快好了,即使不服我的药,也该好了——让我捡了一个便宜。"待病人走后,学生们问老师:"前医的方路是不对病人的证啊,您为什么这样说呢?"施老告诉学生们:"病人当时是什么情况,医生为什么开那些药,我们并不了解,对你不了解的事妄加批评,是不负责任的表现。即使是前者用药真的不对,我们作为医生也要感谢人家,是人家替我们走了弯路,才启发我们有了新的考虑。靠贬低他人抬高自己的事情,我们一定不要做,这是为人的基本准则。"

有一次,我好奇地问父亲:"您认为,从施老身上学到哪些最让您得意的医术?"父亲笑了,说:"作为一个医生,就医术谈医术,是不会成为一个好医生的,更不要说成为一位名医。"不得不承认,那时尚年轻的我,还不明白有了好医术还不算好医生的道理。

父亲解释道:"除了要掌握精良的医术之外,还要学习很多功夫之外的功夫,也就是说,跟病人交流过程中每一细节都是决定能否药到病除的关键。有很多学生已然学到了老师某一方面的技能，甚至到了乱真的程度，但最终应用起来还是不如老师的效果好。施老看病疗效好，当然首先是医术好，但施老的医术并非简单的医术，更有广博学识、丰富经历和做学问的态度与方法之熔铸。给我感触最深的，是施老在生活中不拘小节、做学问不失细节的学者风范。我与施老初学时，特别注意他辨证用方的规律，将老师有效验案仔细揣摩，好像悟到一点体会，但轮到自己独自临证时，有效也有不效；即使有效，也不如老师治得漂亮。有时我没治好的病，再把患者带到老师诊所，老师开的处方和我开的一味都不差，甚至剂量都一样，效果却不一样——吃了老师的药就有效，就舒服……"

当父亲向施老请教其中的道理时，施老说："病看准了，药开对了，诊疗工作刚完成一半，还要根据病人的生活习惯、体质差异、性格特点、家庭生活、经济情况等不同而与病人做不同的交流、不同的医嘱。我们当医生的，若只重视疾病本身，而忽略生活在社会中的人之重要，往往事倍功半。另外，病人对医生的信任也很重要，我可能比你在社会上名气大，病人心理上的作用也是有的……"施老的一席话令父亲当时深以为然。

听父亲说到这儿，我不禁想起自己小时候常见的情形：在那个特殊的年代，父亲的诊疗行为受到限制。于是就有很多患者拿着本单位的介绍信来到父亲所在的大队，联名要求允许父亲看病——很多人和很多自行车排在我家门口，等候父亲为其诊病。这些人大多是贫下中农、工人、复员军人，根正苗红，所以"运动者们"也没办法阻止，甚或他们自己想求医时也一样前来加入排队者中。

父亲曾给我讲过这样一个小故事：一天，施老看完病后，看见还有一位病人在院里等候。当他看到施老看完所有的病人了，想走上前来，好像又有点为难。施老从来者的神态中看出他是没有挂上号,想请自己看病又怕被拒绝。

于是施老亲自迎上前去,主动和病人打招呼:"你怎么不进来呀,咱们是熟人了,还客气什么呀?"就这么自然而然地把病人迎进诊室,认真地为其诊病。看完病后,患者再三感谢,心里还在想:"施老说和我是老熟人了,难道他还记得六年前我陪母亲看病那次见面吗?"想到这儿,他忍不住问施老曾在哪儿见过他。施老笑着说:"我对你印象可清楚了,你曾陪令堂来看咳嗽,她每吐一口痰,你都用纸给接着,然后把痰纸放在包里,随后你还带着水让母亲漱口。你很孝顺啊,我怎么会忘记你呢?"在场的人都为老师的记忆力深深折服——这位患者名字叫李恒吾,后来还成了父亲的挚友。

[我的插话]

施老曾对中医发展有过战略性的论述,那就是编书籍、办医院、建学校。施老尝云:"一个好医生,不仅能看好病,还要有很强的社会责任感和使命感——通过大家共同努力,创造出中国医药学特有的科学系统,那就是,随着社会进步不断把新的知识丰富到中医理论系统之中。做到这一点,首先是中医内部要精诚团结,然后是你们年轻人还要多学习西医的基础知识,使中西医两种方法在临床中自然地融会贯通,这才是社会发展需要的医学全才。"

受施老这一理念的影响,父亲在诊病时手边总备一本医学检验手册,随时查阅以供临床之需。随着医学的发展,这本手册也在不断更新替换。

达儒明医朱壶山老师

父亲在跟朱壶山先生学习期间,常听先生如是教导:"读书是为了实践,没有实践的学问只能算纸上谈兵,是学医者的大忌。"先生精于书法,脉案、处方书写工整,清楚易读。先生所用方笺,较一般处方纸要大些,内容亦比一般医家所记详细,对病家自述、医家诊查所见、辨证立法、服药方法宜忌等均有记录。对每一味药的产地、用药部位、炮制、煎煮先后等都有边注要求。只要是识字者,都能看明白其处方。

先生为父亲讲授《伤寒论》《金匮要略》(先生称之为"杂病论")《血症论》,其间必讲案例,讲成功的,也讲失误的,尤其对失误例证更是颇费心思,直至学生确已领悟为止,并要求学生写出听课笔记,先生亲自检查圈改。先生严谨的治学之风,令父亲深受影响。

朱老师对施今墨先生的医道倍加推崇,告诉学生们:"施先生和我是好朋友,在临床看病方面是我的老师,每次和他会诊病人,我都有收获。施先生的处方内蕴军事、历史、哲学、文学、医学综合之美,所开处方药可谓平和、细腻,融贯中西,法出自然,不偏不倚,不存门户之见,而自成系统。"朱师讲课举例,常以施师医案佐证,其学术观点与施先生可谓志同道合。

读书与临证相结合,是很多医家一致所倡,然书如何读?怎样将两者有机结合起来?又怎样能博览群书而不惑,由博返约汇其精?

这一思辨未解,我于是向父亲求问:"您是怎样将书中医理和临证病理互相转化应用的？"父亲告诉我："读书与临证是常与变的关系，书中之理是常，临床诊病是变。前人著述，条理系统是为了让读者易于了解、掌握事物发展变化的规律。读书要在无字处寻求到变化的眼目，即所谓'知常达变'。临证疾病变化万千，这些变化或病外有病，或证中兼证，总有医者未遇之局面，所以临证不可执成法以绳墨病证，辨治法则要依病（证）而定。施老尝言：'执成方以治病，凑症状以命证，医者大忌也。'然而锻造出这种活化的本领，只有多临床、多体验、多总结，舍此，无捷径可言。"

在跟随朱先生学习期间，朱师为父亲指点读书方法："《诗》《书》《礼》《乐》《易》《春秋》为儒家六经，是学者文章的根柢，理解熟记是必需的，除此还要深研历史知识，方能把文章写得有声有色、波澜起伏、耐人寻味。所以，古语有'六经根柢史波澜'之明训。医家亦传有六经，即《内经》《难经》《神农本草经》《伤寒论》《杂病论》《脉经》。对于《脉经》列入经典很多同道有异议，我以为《脉经》虽为叔和所著，实发仲景脉学之秘，不读此经，难明仲景之学。若能将医之六经读深、读透，再勤于临证，其道明矣。"

父亲说，朱师精通儒医十二经，是达儒明医。朱师明于医，更精于药，提倡医生学药，要对植物生长的整体过程全部有所观察和了解，如某药喜生何地、不喜何地、鲜时形态、干药变化、饮片切制方法异同、炮制不同对治疗效果有何影响、药材所用部位不同主治不同疾病等等。所以，朱师临床处方对药物要求极为讲究，他的诊所在西城区，却要求病人最好去崇文区千芝堂购药，先生认为饮片炮制千芝堂最为认真，对道地药材选择亦属上乘。

四、恩遇：一人多师之路

说起来，还有一个小故事呢。曾有一位失眠女性患者，因精神受过刺激，对他人均不信任，情绪烦躁，神无所主，入睡十分困难，常在似睡非睡时有噩梦惊醒，醒后不易再睡，日渐黄瘦，月经亦见紊乱。朱师施与千金温胆汤加减，患者服五剂，复诊时喜笑颜开，告曰："服药二剂，每晚即能安睡三四小时，且噩梦很少；服五剂后，每晚能睡四五个小时，精神甚感欣悦。"朱师遵效不更方旨，继用前方五剂，患者复诊，说："这药不如第一方效果好，虽能安睡但噩梦如初，且每日入睡速度亦较前缓慢。"朱师大为不解，逐一询问可能复发的原因，患者与家属均言，与前五日一样遵医嘱诚。先生将二诊处方对照，方药未做任何更动，为何如此不同呢？朱师想到了药是否在同一药铺配制，遂询之，患者告曰："第一诊处方在千芝堂调配，第二诊在另外一家药店调配。"朱师告诉病人："我的方子与第一诊未做改动，第一次有效，第二次效差，可能与药有关系。你仍用我第二次开的药方去千芝堂购药，再服五剂，看效果如何？"病人遵嘱，复诊时，不用问诊，从病人表情就可以看出服药效果了。病人以大礼相施，"先生真是神人，不仅病看得好，还能神算。"他哪里知道，朱师学法律出身，考察事物的精微变化是他的本能。此后，朱师亲赴两家药铺多次考察，然后将千芝堂与别家药铺对比，先生认为千芝堂药质优于别家，且调配尤为认真。从此，朱师多将病人介绍到千芝堂取药，千芝堂对先生所开药方调配得也更是仔细了。

父亲听了老师的故事后，对"三分医，七分药"的古训愈加信服，闲暇里总要去千芝堂看铺里的师傅们挑选、炮制药材，跟他们聊天。后来，千芝堂从掌柜到师傅都成了父亲的好朋友。

国医薛培基

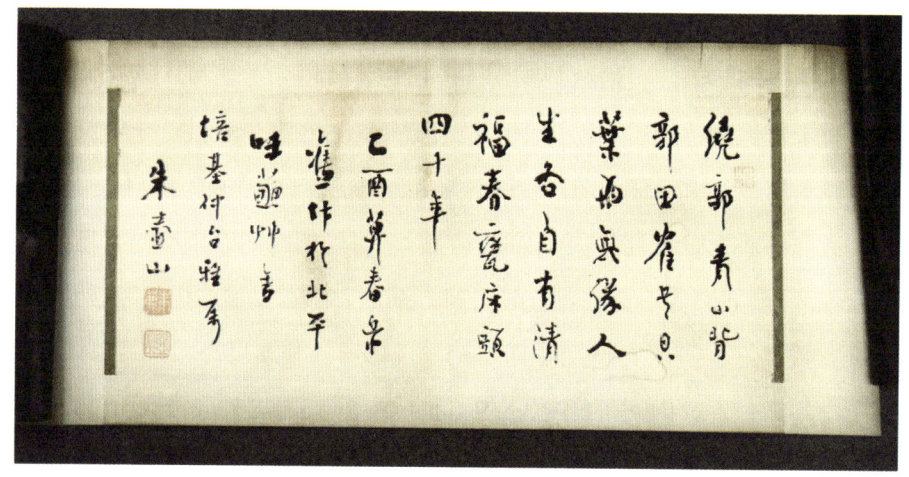

1945年春天,父亲去看望朱壶山老师,师徒二人谈及生活向往时,朱老师信笔抄录早年诗作赠与父亲,这首诗竟成为父亲人生后四十年的谶语

[我的插话]

朱壶山先生书斋名曰"味姜草舍",书斋后庭曾有半亩园林,参苓一色;想晚年何求,作海外三神仙,山种长生药饵,酒罢茶初,更长炬继。先生著述甚丰,阐发仲景之学尤可谓洄环瀚诵,真切详明,俾后汉文章人人可读,毫无疑似两可之言,颐飨后人。

先生赋诗自娱其乐:"绕郭青山背郭田,鹤书贝叶两无缘。人生各自有清福,春瓮床头四十年。"后于乙酉仲春书录旧作,送与父亲。说来不知是巧合还是先师灵验,父亲如诗所谶,在离顺义县城五里的乡间劳动、著述、行医,度过他人生中的后四十年。

四、恩遇：一人多师之路

与安斡青老师形影不离

在父亲刚从辅仁大学离开的时候，陈垣先生曾对我父亲说："你要和安老师形影不离，学习一个'活'的安老师。"父亲考入华北国医学院后，每日除了上课要随施今墨先生抄方，下午或晚间还要到朱壶山先生家中听课。据我母亲讲，父亲在读书的四年里，除了逢年过节以外，他们夫妻间很少有时间说些自己的话。

我曾经好奇地问父亲："在华北国医学院读书时那么紧张，您是怎样安排时间和安老师形影不离的？"父亲告诉我："这些都要感谢安老师、陈老师为我安排。我在辅仁读书时，也曾自感紧张。一次在陈老师家中喝茶，安老师正好也在。当时安老师曾问我学习感受，我的回答是收获很多，只觉时间不够用。"

陈老师对父亲说："以我对你的了解，目前你所做的一些事，还不至于时间不够用。只是你把本来是一体的学习给分开做了。比如我让你抄写的资料，实际就是你上课所学课程中疑难重点的答案，只要稍加留意，你就会思维碰撞而豁然明朗，课堂笔记只记些精彩感悟即可，无须逐条记录，做重复性无用功。我觉得你的学习方法的问题是只勤奋刻苦，没有从容，这样将来只能是书呆子，所以我让你来家中喝茶，是想让你学会生活、工作中的从容。喝茶是需要放松心情的，大脑得到休息后，自会有灵光闪现，彼此之间的闲谈自然会令头脑中爆发智慧，学问的精彩突至也自然让人乐在其中。"安老师在一旁插语："我来和陈老师喝茶，就是来偷学问的……"

父亲接着说:"到了华北国医学院读书后,我的学习笔记、侍诊记录,都是在与安老师的茶余后整理出来的,所以很少有枯燥的紧张感,而更多的是幸福和快感。随着时间的积累,我随施老师侍诊的不解之处及听朱老师讲课中的重点,均在与安老师喝茶闲谈中得以化融,而让我不时焕发出难以言表的享受。安老师之言'治病要明生理、病理,参以药理、事理、物理,定可有无穷的造化'对我的影响是终生的,随着年龄的增长,越发的体会到'人从容则有余年,事从容则有余味'的妙义了。"

[我的插话]

父亲告诉我,在随师侍诊时,常会有一种现象:当有了一定实践积累后,在随师诊病过程中,你就能感觉到老师对这一患者考虑为何病、何证的诊断方向,将要用何方、何药,甚或根据老师所获信息,可以预感疗效如何。但在临床中常会有一种奇妙的治疗结果,是让医生始料未及的,那就是病人求诊时未提到的一些病状,医生在选方用药时也没考虑进去这个因素,但在病人复诊时意外地告知医生,自己除了求诊时的需求病证得到改善外,还把多年未能解决的痛苦也一并治好了。

父亲说他随师笔记中专设这一类病案记录,名曰"偶遇奇案"。对这一类医案,有些通过自己的思考,可以寻找到内在的病机联系,有些则很难找到答案,因老师诊务繁忙,也无暇解答。时间稍久,尽管当时有记录,亦会出现思路断档或遗忘的情况。用父亲的话说,是遗憾"失去了事物本质的语境"。

张文修先生艺授《傅青主女科》

　　张文修[①]先生是父亲另一位极为敬重的"医与艺术结合的典范"。父亲刚到张先生家里的时候，就被先生的书房给迷住了——有太多太多的好书了。父亲问："这么多好书，您最喜欢哪一本呢？"老师一听，笑了，说："我喜欢的书很多，想给你讲的是《傅青主女科》。"说着，便从书柜中取出一个木盒，父亲凑上前去，看老师的每一个细微动作，就可以知道主人对书的爱惜和对作者的崇尚。张先生打开书，"这个版本的书不多了，我就这一部，不能送给你，可以借给你去读，三个月还我。"

　　文修先生的举动让站在一旁的四妈（张文修夫人）一愣，忍不住问："平常我们多看一眼都不成，这次肯把书让培基拿走，你不会没睡醒吧？"听了师母的话，父亲原本打算接书的手有些犹豫了……

　　却听文修先生说："没关系，书是读的，只有让喜欢的人去读，才有意义。这套书是道光七年刻本，当时刊印的就不多，因为傅青主主张反清复明，清朝政府对傅青主的书不甚提倡，所以才有后来的伪书出现。你拿回去要仔细地阅读，好好地体会，青主的书有医者的大智慧，有书画学问的大美。只要你好好爱护着读，有一点儿破损也没关系，读书哪有不磨损的？你读完后尽快还我就是了。你何时读完，我何时给你讲。"

[①] 张文修，即张正学，又名揖，字文修，生于1885年。早年曾在资中张孟筠的家塾任教，后受聘于重庆求精中学任教，后以医道享誉京、津、沪、蜀，为四川四大名医之一。在其家中行四，故父亲也尊称之为"四老师"。

于是，当天父亲一回家，就先通读了两遍。通读后赶紧买了一些纸，叠成书页抓紧抄写。抄写过程中但凡有一个多字、少字、白字，全页就作废；或者有一处笔墨不匀，也废掉，为了保持全页章法气韵贯通，每次抄写从不会半页停笔；为了和上一页保持连贯，总是先在草稿上找到前日的感觉，再正式录入书页。如此，用了五十天时间抄写完毕。又请父亲的表兄马江对读无误后，让母亲用针线装订成两册，比老师预期的时间提前了一个月把书归还。

当父亲向张文修先生汇报，因担心反复翻读会对书有损伤而自己抄书时，老师要求看看抄本。看罢他说："你把书抄下来，是我早就预料到的，但没想到抄得这么快，还写得这么好！你可能还没有感觉到，在抄写的过程中，已经受到青主先生学养的影响了——无意的厚积对人生的影响是深远的。"父亲从心里佩服老师不着痕迹授业的高妙。

张先生接着说："我家里白天人来客往，咱俩只能约定晚上时间来学习了。你已经有了一定的理论基础，估计'讨论式'的方法效果更好。就是说，你先从序言读起，然后按青主先生编排顺序一个病一个病地读。每读熟一段，你来我这儿，先由你来谈读后的认识和体会，我再给你讲我的经验——我们互相启发，你看好不好？"父亲说："我担心谈不出什么体会来。"先生笑了，说："不会的，体会多少讲多少。当医生的要学会表达是很重要的，把自己心里想的用语言表达出来，是医生的基本功。表达出的观点可以和同行交流、可以和患者交流，在交流过程中又可以有新的灵机闪现，如此可为源头活水，不断进步；交流还可以使人胸襟开阔，不保守，不小气……你可以先尝试嘛！"

老师开始讲下去："我最喜读仲景、傅山的书，言简意赅，切中要的，覆杯可愈,与那些夸夸其谈、不得要旨和只谈药性、不谈病理者,有境界之差别。读青主先生的书,首先是规矩,全书所言病理源自古德,所论方药迹出古贤,而自成法度。看青主先生的书,有艺术的享受,一方之中药剂可重达数两,有如画者之泼墨厚彩夺引视者方向,剂量轻者仅有几分,好比墨荷点蝶之轻。青主之论,最重实用,每言皆合生理,方药适中病情,意赅而无虚玄;青主之文法,有仲景遗风,示人以规矩,不见凑症执方之赘弊,可启人之虚灵;青主女科之方,立意深远,医家可借宾定主,施诸临床,只要证合,皆有应验。青主乃书画巨匠、医之亚圣,读青主之书,可得问学之路,获活人之术。我和你所讲这些,均会在以后相关章节中谈及。"父亲聆听着老师的阐释,看着老师表情,已经完全进入了活灵活现的医学艺术世界——太享受了!

文修先生看父亲好像还在想什么,大声说道:"好吧,今天就到这儿。"说着,从抽屉里拿出厚厚的一沓纸,递给父亲,说:"这些都是我平时抄录的青主生平故事,送给你了。要想学好青主的书,先要了解其人其事,才可深入堂室。"父亲接过先生珍贵的抄本,一时惊喜交加,感动万千之际不由跪下磕头拜谢,口中讷讷而言:"谢谢老师。"

据父亲讲,张文修先生讲授《傅青主女科》多结合自己的临床案例,尤其是活用《女科》方治疗内科杂症,尤见功力。如,用完带汤加减治慢性腹泻、痛泻,温经摄血汤治尿血症,易黄汤加味治下肢湿疹,收膜汤治胃下垂等等。"讨论式"学习方法果然让父亲获益颇深,同时更对老师解析的青主先生的书法与医理自然贯通之意境、对青主论书之"宁拙勿巧、宁丑勿媚、宁支离勿轻滑、宁真率勿安排"的艺术与生活的真实态度尤为理解深透。

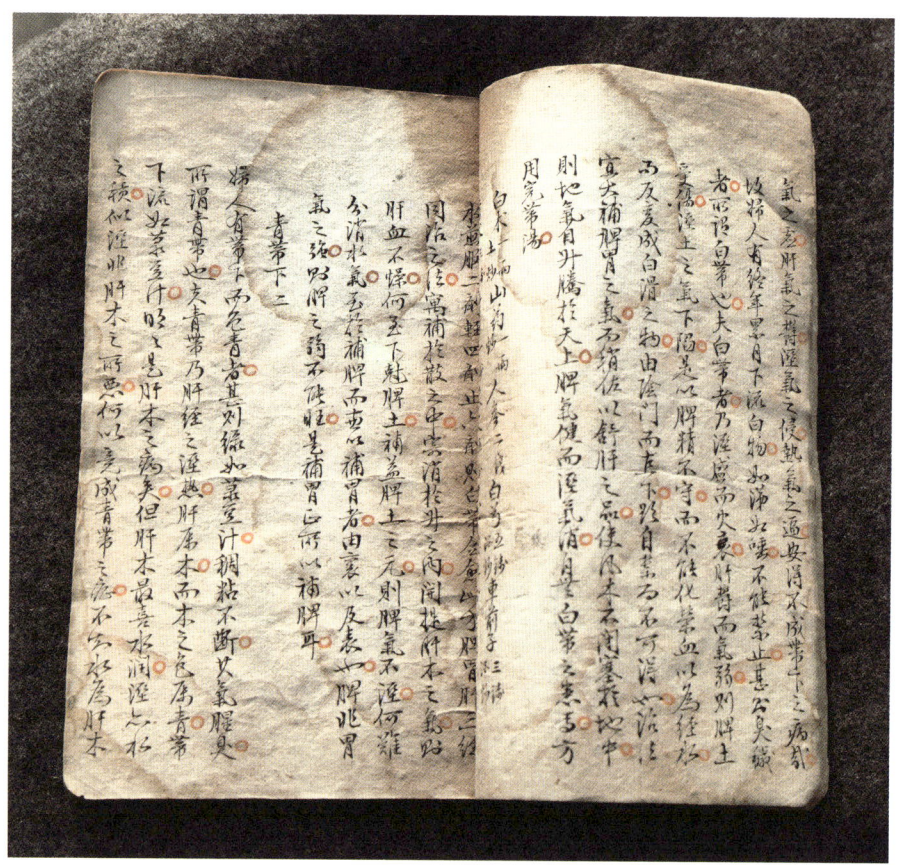

1942年父亲向张文修先生学习《傅青主女科》时抄录的书稿

治急性热病的方家——富雪厂和杨绳武二师

每当父亲给我讲到治疗急性热病故事的时候,总要提到两位老师,一位是在华北国医学院读书时认识的富雪厂老师,一位是经萧龙友先生介绍认识的杨绳武老师。

富雪厂先生在华北国医学院先后担任温病学和诊断学的教授工作,他文而通医,临床以治温病而著称于世。富先生和父亲的结缘,有一个小故事——

1942年冬月的一个晚上,父亲自觉浑身疼痛不适,随即发热,体温38.3℃,有些恶风寒,但不甚厉害;接连又出现腹痛、腹泻,泻下酸臭之物,泻后腹部稍见舒服;过一会儿又重复出现如上诸证,一夜腹泻四五次。

第二天,父亲没有上学,好友刘琛来家看望,见父亲生病在床,便陪护父亲来到富老师诊所——刘琛的父亲素与富先生多有来往。富老师看过舌脉,告诉父亲:"你是因为在秋季饮食不慎,夜受寒凉,当时未发病,近日复感非时之邪,加之睡眠不足,而引发是病。"父亲心想,富老师果然厉害,近几日确实熬夜较多,有些疲乏。

富老师遂以桑菊饮原方加生石膏一两(先煎,加粳米30粒,米熟汤成)、川楝子三钱。父亲见老师生石膏用至一两,且正值冬日,自虑过于寒凉,遂将生石膏自行减半至五钱,去千芝堂抓了三剂药,回家服用。药进一煎,肠胃明显舒服,腹痛亦见缓解;服完三剂,大便略有溏软,日解一二次,微有后重,体温略高,37.5℃,身痛酸倦等不适均愈。

父亲带上原方请富老师给予复诊。富老师首先看父亲舌苔，仍有些薄黄，便问父亲："你是不是没完全听我的话，把生石膏给减量了？"父亲内心惊讶，不由得点头承认。富老师又说："你过虑了——石膏有二养一清之功，再得粳米之助，清热养胃而去肠道滞热。此法是我数十年心得，不要说你有秋季伏邪，即使在冬日正伤寒入里化热，出现咽喉肿痛而恶寒发热者，我屡用，其功显，未见不足矣。你现在可能还有些低热，大便虽不泻但仍溏粘不爽。"先生随后将前方石膏减至三钱，加黄芩三钱、枳壳五钱，嘱再服一剂可愈。

富先生的一番话令父亲从心里折服，遂遵师嘱，药尽身轻，继以温汤将养二日而瘥。

父亲的另一位温病老师，是杨绳武先生。父亲和杨先生结识，是经萧龙友[①]先生介绍的——萧老与杨绳武先生是好友，经常一起讨论诗词文章。

杨老师擅治急性热病，推崇孟英之学，因治病速效而享誉京城。杨老师不仅对自己要求甚严，治家亦多儒门规矩。先生有一女儿，名润章，女儿对父亲十分孝敬，只是不喜医学，先生亦不勉强。女儿有时也会陪伴父亲一起享受美妙文章诗句，女儿朗诵，父亲闭目摇头配合韵律之美，一家人其乐融融。

杨老师为父亲从临床角度讲解了《温热经纬》，并将自己的有效验案纳入孟英理论之中。先生对父亲的勤奋甚为欣赏，父亲对这位老师也是尊敬有加。师生二人常穿相同的衣服出入琉璃厂书画店，很多人都以为他们

---

① 萧龙友（1870—1960），名方骏，以字行。四川省三台县人，为前清拔贡，名中医师。精通文史，医文并茂，自学成医。一生精研历代中医书籍，理论联系实际，临床经验极为丰富，疗效甚高，为"北京四大名医"之一。

是父子俩。

杨老师在穿戴上极为讲究，不一定有多华丽，但对衣料品质的选择、做工的要求、色彩的搭配、什么场合以什么装束会什么朋友，都极为注重。先生因为对服装的钟爱，自然和祖父也成了好朋友——祖父的手艺在北京绸缎行业闻名遐迩。他原名宝善，"新一"之字就是杨先生为他取的，先生认为祖父在选料剪裁上是"懂眼"的大家。

父亲与杨先生感情很深，在先生病重期间，他放弃了自己的诊事、家事，陪伴老师最后两个月直到老师寿终。

遵照杨绳武先生的遗愿，他的女儿杨润章女士将先生用四十年心血完成的医著手稿赠给父亲，以期继续发挥活人之用。

这部手稿，父亲一直珍藏着，尽管父亲总是把它放在隐蔽处，却依然没能躲过"文革"的洗劫。好在有一本父亲自己的抄录稿幸存，我现在读这部手稿，清晰地感到，天下学人结缘砥砺，勤勉传承，古老的中医仍在为现代社会人类健康发挥作用，不可替代。

[我的插话]

父亲曾告诉我："看富老师诊病，处方用药有临阵用兵之美。对病因的分析准确，服药效果和反应均如先生所料。富老师尝言：古人用'走马看伤寒，回头看痘疹'之语来形容急性热病传变之快。医生临诊要大处着眼，小处落目，切不可忽略病人所表现的细节，病之关键往往在细微处显露本质。"

富先生为人质朴，不尚浮华，平生最重学问，二十八岁即著医学英语词典一部，留下医学手稿甚丰，可惜种种原因未能刊行，实为医界一大憾事。由于父亲对先生的挚诚，先生将自己数十年四诊心得传授给父亲，父亲也因此打下了扎实的治疗急性热病的功底。

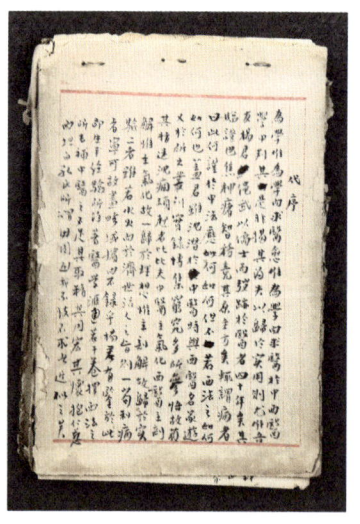

著名温病学家杨绳武之女杨润章女士，依其父生前嘱托，将杨先生40年临床治疗温病经验，传于父亲（此图为书本原始抄稿，原书归还杨润章女士）

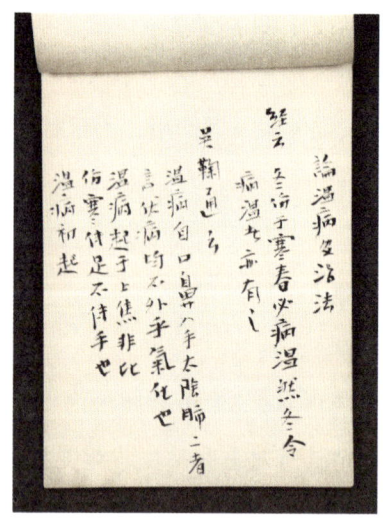

1968年杨绳武先生所赠《温病经验》的原始抄稿于"文革"时期被抄走后，1970年父亲凭记忆默写原文书稿

四、恩遇：一人多师之路

和张孝骞老师学西医

人生际遇的转变有很多时候是必然中的偶然——当机遇出现是否能敏锐觉察，觉察后又是否能果敢把握，把握住了又是否在机遇中能有所收获，这就因人而异了。

父亲常对我说："一个高明的医生，在诊治疾病时，不仅要有宏观的掌控能力，更需要不失细节的眼光。尤其是一些疑难杂病在早期迹象还不明显时，病人自己也未发现有任何不适，如果医生在诊病时缺少应有的细心和警觉，常常会出现漏诊现象。对于一个有经验的医生，满足于已掌握的诊病信息，以确保对求诊疾病的不误诊固然很重要。但往往有的时候，一些疾病的前因后果有着极为复杂和隐蔽的联系，稍一疏忽，即可造成漏诊。"

1948年12月，父亲随施师侍诊时，有一沈姓病人，男，三十二岁，病已经年，两下肢无力酸胀，久坐即感麻木，逐渐加重，起立行动出现进行性吃力。施先生通过中医四诊后，让患者解衣，以查看两下肢是否一般粗细，颜色是否一致——单凭视诊并未发现异常。先生继而蹲下身子，很细心地用手抚摸病人两腿的温度差别和肌肉软硬弹力有无异常。他发现病人两条腿的温度并不一致，肌肉的丰满程度亦有区别。虽然看似很简单的一件事，但对一个每天看百余病人的中医来说，能做到不失关键细节的诊病，也绝非易事。施先生在诊病人脉时，两寸脉浮取有余，沉按不足，关尺两脉沉细涩无力，加之病人主诉综合诊断，其气血不足是因脾胃运化水谷、提取精微营养物质供应身体所需的功能极度衰弱，以致出现下肢肌肉营养不良，所引起的肌肉不对称萎缩，病人的左侧下肢肌肉较为松懈，说明脾的吸收营养功能发生了障碍，因此，施先生建议病人到协和医院请西医帮助会诊，有无"进行性肌萎缩"的可能。父亲从心底被施今墨老师这种认真负责的大医风范感染了。

施先生为病人写了一封前往协和医院请张孝骞主任给予会诊的信，并嘱我父亲持信陪患者一同前往。张孝骞老师经过认真细微的问询，检查诊断后，确诊病人就是"进行性肌萎缩"。张孝骞老师对我父亲说："施先生不仅中医功底深厚，西医水平也高于一般医生。这个病人目前还在疾病的初起阶段，临床体征并不明显，所以极易漏诊。施先生仅从物理诊断的细微变化，就能发现这么复杂疾病的蛛丝马迹……你回去和施先生讲，我一定抽时间前去拜访他，我很少见到这样的中医。"

治疗过程中，这位病人在服用施老中药的同时，结合张孝骞老师的西药，辅以董德懋师伯的针灸配合治疗，大约半年后，病人基本治愈。后期经持续的追踪随访，病人痊愈后近四十年未复发。这一病例让父亲感触最深的是：施、张、董三位医术高超的中、西医家在会诊过程中的精彩与默契。例如在讨论本病案时，张孝骞老师认为造成肌肉萎缩的原因是肌肉的营养不良；施先生从中医脾主运化，吸收水谷精微物质功能的角度给予调治；董德懋师伯精妙的针法辅佐。老师们在讨论、会诊时中西医学术语交汇、智慧火花碰撞与实践效验贯通，简直处处仙笈，方方灵机，由此触发了父亲探求中西汇通的极大兴趣，并更加坚定了系统地学习西医的志向。

在这样难逢的机会之下，父亲求知的渴望驱动着勇气，他不失时机地向施先生汇报了自己想跟张老师学习西医的愿望。施先生是那种只要是学生爱学、想学,凡是需要他帮助的,他都会给予支持的老师。所以当施先生听了我父亲的要求后,自然很高兴。他笑着说:"我愿当这个红娘。"十几天后,施先生找到我父亲说:"告诉你一个好消息,张老师同意要见见你,但是否能同意你去跟他学习,那就看你的造化了。因为除了张老师本人同意外,还要符合院方的相关管理规章才行。"我父亲听了以后,内心的喜悦让他下意识地给施先生连连鞠躬拜谢。

父亲如约去见了张老师。首先张老师给父亲提了几个西医基础问题,父亲的回答让张老师很满意,他说:"你的西医基础还不错,我听黄家驷老师说华北国医学院有西医课程,我也看过你们的教材,虽然你们是以中医为主,但所学的西医教材还是很实用的。另外,我想告诉你,作为一个中医生,系统了解和掌握一些西医的知识,对临床是十分必要和有益的。但也会经常出现你意想不到的矛盾和困惑,只要掌握了正确的学习方法,还是可以找到中西医互相取长补短的结合点,并且是可以提高临床疗效的,有两套本领总要比单一的好。你也知道,我对施先生的中西汇通主张是很敬佩的,你是施先生的学生,想学习了解西医,我也很愿意和你交流。"父亲听后,兴奋之情溢于言表。

父亲在随张老师门诊时发现,他和施老虽然有中西之不同,但他们在临床看病的时候,却有很多近似的地方。例如,一般当患者诉说求诊目的后,医生总是习惯围绕主诉进行调查,张老师除此之外,还要细心询问病人曾诊疾病起因以及治疗经过、用过何药、疗效如何等,对病史信息的收集尤为重视。他说:"临床诊断,可分为两个步骤,一是搜集资料,二是整理分析资料,实际两者是交织的。临床资料包括病史、体格检查、各项检验和病程观察。其中最重要的,我认为是病史。因为病史是患者求医的直接原因，它对诊断的作用非常大。事实上，大约 50% 以上的病例应当能够从病史得出初步诊断或诊断线索。有些病如果病人没有体征，或体征很不明显，就要完全靠病史做出诊断或得到诊断线索。"张老师还说："我们看病对象是人，人具有生物属性和社会属性。病人的职业、家庭情况、生活习惯、文化程度、思想感情等等都是很重要的，要重视各种因素对病人的影响。"

施先生是中医，看病需要望闻问切，但是有些医生，甚至有很多病人，都忌讳医生的问诊。好像医生不用问诊，一平脉就应该能说出病人所有的病状，只有这样的医生才是最棒的。但是施先生除了望闻切诊外，他对问诊尤为重视，对病人生活习惯与环境、工作状态、饮食的喜恶、精神情绪等都非常关注。他说："我们当医生的，是给生活在社会环境中的人看病，因此，要重视社会环境中的各种因素对病人的影响。"两位老师虽有中西医学门径的不同，但诊病的方法、观点，甚至语言都是那么的神似。

施老和张老师二人不仅临证思维方法相近，而且他们在做学问的习惯上也有相似的地方。施先生有一个习惯，在白天看病的时候，如果遇到一个值得推敲的病，或者难治的病，又或者治病时自己有一个特别奇妙的想法时，他就从兜里掏出一个小本记录上，回去以后查资料。再高明的医生在治疗病人的时候也难免遇到疑难的问题。凡是这些有益的病例他都会记录下来，等到晚间他会根据自己的记录来回忆。我听父亲早年与祝谌予老先生他们讲过，施老晚上睡觉之前在茶几上会放几件东西：一个本、一支笔、一个茶壶。一到晚上躺下，他就开始想白天的一些病例，如果突然间想起了什么，就会把灯点着，记录下来，渐渐养成了习惯。

父亲在和张孝骞先生学习期间，发现老师每遇重点、疑难病人，就会掏出随身携带的小本,记录下病人的名字、病案号、病情要点以及诊断过程等重要信息。细心的父亲由此联想到施、张两位老师宝贵经验方法的汇同,自然意识到了这一学问之道,由模仿渐成习惯。一向沉静平和的父亲,每当给我讲起二位老师和自己所记的精彩病案故事时,总是那样地绘声绘色,让我不由自主进入其中,沐浴着身临其境的快意。

父亲告诉我,他在随张老师学习期间,非常重视中西医在诊断上的契合点。尤其是一些经西医明确诊断的疾病,他都会寻找从临床表现、病人外在迹象以及舌脉症状等在同一疾病中的共性规律。在随师和自己临床上积累了大量的独到体验。尤其是舌诊、脉诊方面,更见功力。从舌诊观察血色素指数,几近化验结果,脉诊对体质及易患何种病、对血压值的感应等,均有相对准确的应验。

在我随父亲侍诊时,亲睹他在缺少医疗条件的农村诊事中避免了诸多误诊、漏诊。当我问起父亲,是如何修炼这一深厚功力时,父亲告诉我:"这种中西对照诊断方法,是从张孝骞老师精准诊断患者中反求舌、脉诊规律中得来的,是逐渐培养出来的习惯和感觉。"所以父亲有很多只据舌、脉辨病、辨证的方路,其效甚佳。

[我的插话]

关于张孝骞先生的"临诊记事本",我后来曾在一本文献中看到这样一则故事:六十年代,曾有一病人请张老师会诊,这是一个看似很奇怪的病人,就是每次感冒都会出现休克现象。在诊疗过程中,张老师隐约感觉对这位病人似曾相识。后来在询问病史过程中得知，病人曾于三十年前在协和医院生小孩后大出血，张老师当时也参加了会诊。后来在他临诊记事本里找到病人之前的资料，他把这段病史与目前的症状联系起来综合分析，考虑为"席汉氏综合征"。三十年前的临产大出血，引起脑垂体坏死导致功能减退，造成甲状腺、肾上腺等激素分泌不足和应激反应的缺陷，所以患者受到感染时就会发生休克，激素测定结果果然证实了张老师的诊断。

四、恩遇：一人多师之路

多师教诲，受益一生

每一个人都有自己的长处和不足。若能在自己优势方面找到适合的发展方向，有所作为的几率就会提高，即使环境和条件有困难也不能成为障碍；反而为之，勉强从事非自己所长的工作，常是平平者多。"我要学习"和"要我学习"在潜能发挥上是不一样的。

应该说，父亲是幸运的，他的多位师父都有着虚怀若谷、不拘门户的通达胸怀，更有善于发现父亲的天赋和挖掘他潜能的方法，使得父亲更加如鱼得水，所得教诲，受益一生。

父亲在华北国医学院读书期间，一有空闲就去安幹青先生家听故事——先生有很多深蕴哲理的故事，即使在讲课时，也多以生动的故事形式传递主旨，生动幽默；但有时也很严肃，比如在治学态度上，绝不允许半点懈怠疏忽。

安先生虽然对父亲这个学生喜爱有加，却并没有把这个苦心栽培的学生据为己有，而是几费周折为父亲安排多跟师、多临证的机会，意欲使他能够成为一个有学问胸怀而踏实严谨的临床人才。父亲也没有辜负老师的期望，一生不惧艰难、不负其志，终生实践中医道路。同时，安先生勤奋问学、行事低调的特质更是对父亲产生了深远的影响。

后来，陈垣先生告诉父亲："你今生能遇上安先生这样的老师，是很多人只能想而不可得的幸运。我曾多次问安老师：'你这么喜欢这个学生，却又不把他留在身边跟你学习，这是为什么？'安先生告诉我：'我是觉得培基在同龄的年轻人当中是出奇的安静、平和，这是一种天赋。你可能还不知道，他家中因祖父、父亲生病全家人的生活受影响，他深感求到良医多么不容易；对医学知识的渴求，是他学习中医的最好动力。另外，我还发现他在与人交往中，总是喜欢把一个人的优点和另外一个人的优点结合起来，若是有多跟师的机会，这种习惯日后定会融贯诸家之长，而形成自己的建树。但只是还年轻，若能再亲临像施先生这样的大家教诲和影响，日后学问成就将非同寻常……"

施先生曾数次对陈垣先生讲："你给我介绍的这个学生，我非常满意，领悟我的经验很快，并且还懂生理、解剖知识。我问他，你只是在课堂上学的西医基础吗？他告诉我，除了课堂所学外，陈老师还常常给他辅导些有关西医的基础知识……我在临床有些经验习惯，他都能从经典中找到依据。这个学生，真是难得之才，太让人喜欢了。"

朱老师是这样评价父亲的："你给他讲课不费力，你一说他就懂，并在听课笔记相关环节附上施先生和我的脉案，联系得很准确，学与用不僵化——这一点在初学者中是不多见的，实属难得。"

四、恩遇：一人多师之路

[我的插话]

"大匠诲人，必以规矩。"学者亦必以规矩，方能有阶可升，至神用无方，出乎规矩之外而仍不离乎规矩之中，亦即所谓"从心所欲不逾矩"。这是父亲随施今墨先生等诸位老师学习时最深刻的体会。

父亲告诉我，名医之所以成名医，有三种情况：有因学问而成名，这些人文学功底很好，热心中医学问的研究，但平常不怎么看病，看病疗效也不如他们的学问好，这些人被称为"中医学问家"；有因看病好而成名，对经典古籍也曾系统学习过，但不重学问上的深究，看病疗效高于一般医生，在多年实践中摸索出不少好的经验来，并由自己和传人的记录保存下来，但多数还只停留在经验阶段，能成为理论传承下来的却不多，这些人我们称之为"临床家"；还有一些名医，他们学识广博，除医学专业知识外，对社会其他学科也多有了解，不同的是，他们能将平生所学和临床经验融为一体，并能把临证经验上升为理论传承下来，这是医学的最高境界，我们称之为"临床学问家"。

父亲晚年常常饱含深情讲的一句话是"师恩难忘"，我想一定是他获得了这些"临床学问家"心血滋养后的由衷感念。

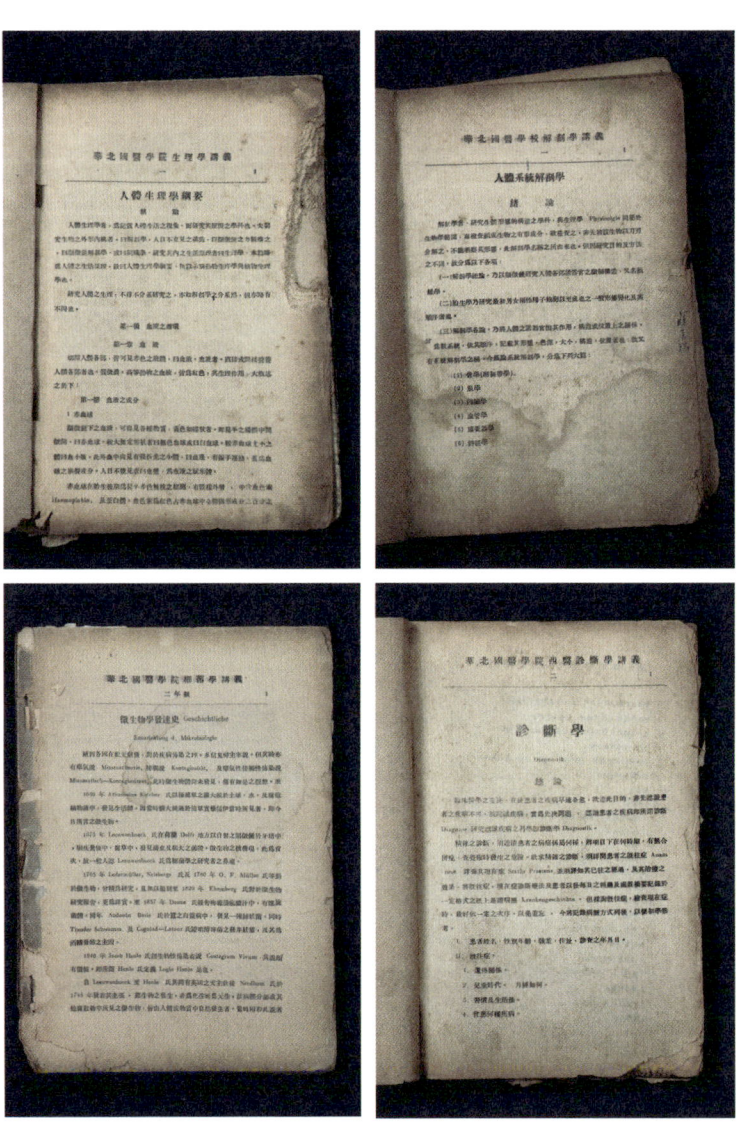

父亲保存的华北国医学院各科讲义

五、学养
诗书画医同参

际遇名家

心会一生的廓然无累

时代曾熠熠生辉

父亲也曾遇合最适意的自我

国医薛培基

书画缘起：忘年之交巧牵线

我小时候曾问父亲："您是一个医生，为什么会对书画这么感兴趣呢？"父亲告诉我："这都要感谢教我妇科学的老师张文修先生，张先生医画兼擅。"

原来，就在朱壶山先生府上拜师会结束后回家的路上，张文修老师与寿玺先生谈起了父亲抄写《壶山诗集》的事。张老师问寿先生："你对这孩子有什么感觉？"寿先生答道："天赋很好，但要有一个大环境来感染他，就更好了。如果太专于医，未免可惜。"张老师说："我也有同感，就是不知道合不合适，我想让他常到我家来玩儿。"寿先生明白了张老师的心思，很爽快地答应说："这事我来安排。"这些都是寿先生后来才讲给父亲的。也就是说张、寿的联谊，使父亲和当时的一些艺术前辈成了忘年之交。

寿先生跟张善孖、张文修、张大千三兄弟是至交。文修先生排行第四，早年以教育为业，后以医道享誉京、津、沪、蜀，尤以妇科著称。先生精深的儒学功底和丰富的临证经验有别于一般专修医业者。旧时学医，有三种形式：家传、师承、自学。然能有成就者，亦分三类：一是重临床、轻学问；二是侧重理论略临床；三是有学问，更善于将理论活用于临床，将临床经验上升为理论，果能至此，非有深广学养者不可为也。儒而能医乃医之最高境界，大凡传世不朽经典著作者均属此列。

父亲当时住在北京东琉璃厂东北园胡同的一进小院里，上学在宣武区西砖胡同，每日上下学都要从琉璃厂路过，受环境影响，对书画产生了兴趣。先是买些旧医书，因无人点拨，只是喜欢而已。一个偶然的机会，父亲认识了韵古斋的东家，无巧不成书，寿玺先生也正好常去韵古斋。

一次，父亲去找在韵古斋学徒的好友刘金涛玩儿，恰好碰见寿先生在那里和几个人聊天。父亲自然是主动上前请安。寿先生看到店中人对父亲都很熟悉，便问父亲："你常来吗？"父亲点头称是。寿先生又问："你很喜欢字画？"父亲答道："很喜欢，只是不懂。"寿先生笑了，说："不懂没关系，能有兴趣是最重要的。"

说着，寿先生把父亲介绍给了旁边的几位朋友："培基，你今天太幸运了。你知道他们都是谁吗？"

父亲面对这几位老先生，略有些紧张。他知道，能和先生在这儿谈笑风生的一定是些了不起的前辈。这时，寿先生分别给父亲做了介绍，他们是罗复堪、于非厂（庵）[1]、叶浅予[2]和张伯英[3]。就在寿先生颇正式的介绍中，罗复堪先生先笑了，他说："石公啊！你还不知道，我和培基早已是老相识了。"父亲赶忙回应："是的，寿老师，罗先生是我的启蒙老师。"寿先生一听也大笑了起来，并坦言："他们几位老友今天在韵古斋也是偶遇，又遇到'小友'，实在是巧中之巧，应验了'有缘人迟早会碰面'的古话。"

从韵古斋出来，父亲和寿玺先生边走边聊，寿先生好像很高兴，邀父

---

[1] 于非厂（1889—1959），原名于照，字非厂，满族，生于北京，山东蓬莱人。著有《中国画颜色的研究》《我怎样画工笔花鸟画》和《于非厂工笔花鸟画选》。
[2] 叶浅予（1907—1995），原名叶纶绮，浙江桐庐人。国画创作主要以舞蹈、戏剧人物为主，同时又兼作山水写生和花鸟小品及人物速写。画风工细，有装饰味，富有时代精神。
[3] 张伯英（1871—1949），字勺圃，江苏徐州铜山榆庄人，光绪间举人。著有《法书提要》七卷，精于金石书画鉴赏。书法造诣极深，尤以行楷成就最大，自成一家。

国医薛培基

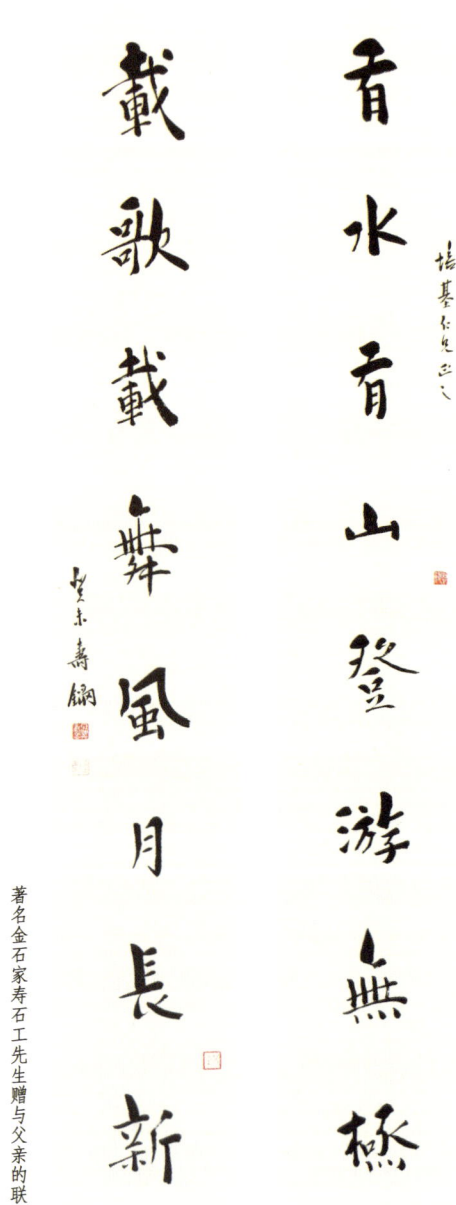

著名金石家寿石工先生赠与父亲的联语

亲去家中喝茶，父亲自然是欣然应邀。

父亲到了寿先生家里，向亦为书画名家的师母宋君方先生施礼，师母奉上两杯香茗便退出房间，并微笑轻言："不扰你们了。"宋先生气度比一般知识女性更显朴素和自然，她的言谈举止无不充满了对人的和蔼关怀，完全没有名家的架子。

这时，先生说出了那天和张文修老师的谈话，并向父亲介绍张老师的情况："张先生是一位大儒，兼通医理，勤于实践，是文人医学实践家。"

父亲听到这儿，由衷喜悦地对寿先生说："感谢两位老师的关怀！但我不知道应怎样安排我的时间去跟张老师学习。"随即向寿先生汇报了自己现在的学习情况和时间安排。

寿先生笑了，说："我不是让你马上去向张老师学习，张老师家里往来客人多文人名士，那儿的氛围很好，也有和你年龄差不多的年轻人，我是让你和他们去玩儿。"寿先生的话令父亲似懂非懂，有点儿拿不准主意。这时，寿先生又说："人生好多知识是玩出来的，也就是说，在玩中发现自己的兴趣、乐趣，学问也就丰富了。不能一天到晚总是看书，那样容易割裂学习和生活，走到死读书、读死书的胡同里，这样的学问没有用……"

父亲在回家的路上反复揣摩寿玺先生的话，既感恩自己的幸运，实在不愿放弃机会，又为拿不出时间跟张先生学习而犯难，思量了一夜也没想出两全之策。

[我的插话]

父亲对书画艺术的钟爱,一是因自幼居住在琉璃厂这样一个具有浓厚书画艺术的环境里,并在青年时期有幸结识了很多书画前辈。耳濡目染,渐生兴趣。还有一个最重要的因素,就是父亲和张文修先生学习《傅青主女科》时,先生经常会将傅青主的医学思维和书画艺术完美结合的经典案例,绘声绘色地讲述给我父亲。

用父亲的话说:"听张老师讲课,总能激发到你灵感的兴奋处,恍如眼前顿显生灵活现的画面,让你心领神会、铭记不忘。所以,张老师讲课不主张记笔记,重点培养学生的理解后强记的能力。"得益于这种鲜活的教学方法,父亲将生活、工作与艺术融会得自然而然,并影响了那些年成长中的我。

著名金石家寿玺先生与夫人——著名画家宋君方先生书画合璧,赠与父亲的折扇和上面的国画

观画展，悟文人医学之道

每次遇到拿不定主意的事，父亲总会去见陈垣先生，想求得他的指点——潜意识中，陈师是慈父一样的亲人。

陈垣先生一见到父亲，便说："我真有点想你了，你就来了。"父亲把来意表明，请老师给指点一下遇到的这个机会怎样把握才好。

陈先生看到这位学生比在辅仁大学读书时瘦了许多，便问道："近一段时间学习收获是不是很大呢？"父亲如实回话："收获是很大的，但也很疲劳，有时感觉力不从心。"

陈先生怜惜之意顿起，不禁说："学问是逐渐积累起来的，不是用健康换来的；只有有了健康的身体，才有健康的学问。一个大学者，首先要有广博的胸襟，有年华，才可能有大成就——这就是寿先生所说的'玩'是一种胸怀、一种境界。若能培养一种从容的性情，人生才有余年，学问才有余味。"

最后，陈垣先生建议父亲一定要多去张文修先生家玩儿，主动感受从容的乐趣，但并非是专门抽出精力去学书画，只要进入那个艺术氛围就够了。他肯定地说："张先生是教育家，会潜移默化地让你学会轻松。能有机会跟张老师认识，是可遇不可求的机缘，要好好珍惜。"听了老师的分析，父亲的心中宽慰了许多——就是这一次与陈先生的谈话，让父亲一生秉持了"从容"的真谛。即使在"史无前例的运动"中遭遇灵魂浩劫，他老人家也比一般受批判者显得淡定和容易释怀。

一天下午，父亲正在教室自习，教药物学的顾膺陀先生（也是学长）来告诉父亲安幹青老师找他。

父亲连忙去见，安先生问父亲下午如果没有什么安排，是否愿意跟他去一个好玩儿的地方。一听一向惜时如金的老师要专程带自己去一个"好玩儿的地方"，父亲自然觉得定有深意，但教养让他没有追问是去哪里、又有什么好玩儿的事，只是恭敬地说："没有其他安排，愿意去。"

路上，父亲把最近发生的事一一向老师做了汇报。安先生含笑听着，表示这些他已经从寿先生他们那里听说了。不知不觉中，师生二人来到了中山公园。

疑惑了一路的父亲忍不住了，问："这冰天雪地，咱们到中山公园来玩儿什么呀？"

安先生这时才告诉父亲："张大千、于非厂先生在这里举办联合画展，可能还有善孖先生（张大千二哥）的画。寿先生今天也来——我让你来的目的你这不就知道了。"父亲顿时会意。

一进展区，迎上来几个人跟安先生打招呼。安先生带父亲首先跟张文修先生见面，父亲见了连忙行礼问安，张先生亲切地说："来了——我叫爽庵[①]，陪你去看画吧。"

站在张老师背后的有两位年轻人，其中一位跟父亲个子差不多的自我介绍说："我叫胡爽庵，是二老师（张善孖）和八老师（张大千）的学生。我陪你去看画吧！"

---

① 胡爽庵（1916—1988），别名胡剑鸣，近现代画虎名家。湖北襄阳人。1935年拜画虎大师张善孖先生为师专画动物，后又拜张大千先生为师专画山水人物。出版有《中国画选》《虎》等。

五、学养：诗书画医同参

父亲随师兄去看画展。一进门，最醒目的是文修先生写的张大千和于非厂两位大师《联合举办画展之缘起》序文，父亲凝神读完，然后又掏出笔记本把全文抄录了下来：

吾弟大千，少耽书画，长好胜游。尝云："翰墨精微，宜师造化；山川启发，厥在登临。宋迪画专潇湘，黄鹤景多苕霅，意穷于象，今古共然。"故两跻峨眉，三涉黄瀣，时储三月之聚，而为五岳之寻，寄兴挥毫，触景延赏。年来返蜀，长住青城之仙都；复赴敦煌，考核唐人之壁画，京津旧雨，墨缘久疏，同好嗜痂，时殷问讯。爰以赝鼎充斥一望则面目全非，特将近作寄来，俾知其筇履所及，假中山公园水榭，陈列于君非厂及吾弟大千最近作都八十余事，并附先兄善孖虎幅三轴。敬希莅临赐教，契灵机于片楮，聊当卧游；御严寒于一朝，真伪视掌。爱好大雅，幸垂察焉。

爽庵看父亲抄写四老师文字的表情是那么专注、投入，便对父亲说："抄完了，我们赶紧去看画吧，好看的还多着呢。"父亲向胡师兄道："陈垣老帅曾和我说过，'读书看作者的序言是很重要的，著作的主旨和作者学术观点的核心多在自序中有所体现。'我最喜欢读的是《伤寒杂病论》原序，每次读都有新的感觉。我今天读四老师写的《联合举办画展之缘起》，觉得文辞太美了，打心里喜欢。"

这时，胡爽庵伯伯（我称胡爽庵为伯伯）向父亲介绍了四老师的一些经历。父亲从中得知，四老师是八老师的启蒙老师，八老师对这位兄长非常尊敬。这些年轻的晚辈特别爱听他们兄弟聊天，有很多知识是从他们交谈中学到的。他们风趣的对话，有时会让他们捧腹大笑，也有时八老师非常恭敬地向四老师请教。师兄一边走一边给父亲讲述画中的故事。

走着走着，他们来到了二老师的画前，看见有几位年长的先生在品评，师兄向父亲介绍："这几位都是张家的老友，他们分别是北平华美京华美专董事长唐嗣尧先生，收藏名家张伯驹先生、陶北溟先生，清华大学冯芝生先生，北京大学郑宜生先生，还有一位……"师兄正要往下介绍，父亲说："这位我认识，是我的老师，陈垣先生。"胡师兄与父亲紧走几步，上前向各位老师行礼。

陈垣先生分别向父亲介绍了几位前辈，眼前的几位老师见陈先生与这位年轻人谈兴正浓，陶北溟、张伯驹二先生异口同声地问："这就是你被幹青拐跑的那个徒弟？"

陈师笑着说："是啊！"

陈师回头对父亲说："你已经是'小名人'了，你看这些大家们都知道你的事了。"父亲有些难为情，小声对陈师说："我没有被拐跑，我还是您的学生。"陈垣先生笑了。

正在这时，四老师、安老师、寿先生也从对面走来，老友相聚，喜悦之情溢于言表。这时，寿先生拉着父亲的手对四老师说："文修兄，我的诺言兑现了，你该怎么谢我呢？"大家愣住了，一时不知寿先生在说什么。还是安老师向大家说出了张老师当时的心愿，听后大家在笑声中对父亲说："你太有福气了。"父亲此时此刻，自然是沉浸在幸福之中。

五、学养：诗书画医同参

著名金石家寿玺先生与夫人——著名画家宋君方先生书画合璧，赠与父亲的折扇

123

国医薛培基

为徐悲鸿之子看病，牵出医画之交

父亲 1945 年从华北国医学院毕业后，留校讲授"分类实用药物学"课程近两年，并在东北园家中挂牌看病。寿先生去父亲诊寓时，见门口仅挂有一尺余的小木牌，上书"薛培基诊寓"。寿先生于是问父亲："你诊所开业，我怎么不知道啊？"父亲向寿先生说明，自己正在实习阶段，还没有正式开业。寿先生说："你不必太谦虚，上次徐悲鸿先生还说你的医术很高明呢——他的小孩儿病了，吃了你两剂药就好了。徐先生还说，'奇怪的是，小孩儿一般都不喜欢吃药，可是吃薛大夫的药却不然，不给吃还不行呢。'你给开的什么魔方啊？"

父亲便向寿先生说起了那天为徐悲鸿先生的孩子看病的经过：原来，父亲有一次去四老师家中玩，正好八老师也在，这是父亲第一次见到八老师（张大千先生）。当四老师向八老师介绍他时，八老师高声笑道："好啊，我家已有两个薛先生了，在四川老家有一薛堂顺先生，家里人有病都请薛先生看，我们已是好朋友了。北京又多一个小薛先生，我们是前世因缘呢！"

八老师正说着，进来三位女眷领着一个小孩儿，其中一位是四妈（文修先生夫人）。大千先生介绍另一位说："这是你八妈（大千先生夫人杨宛君女士）。"领着小孩那位，经介绍得知，是徐悲鸿先生的夫人廖静文女士。徐夫人听说父亲是施先生和四老师的学生，便道："医术一定错不了。我这孩子已咳嗽两三天了，请你给看看吧！"父亲当时还真有点紧张，毕竟是当着这么多前辈给徐先生的小孩看病,于是不由得看了四老师一眼,四老师明白父亲是有点压力,就笑着说:"人家相信你,看吧。"从四老师的眼神里,父亲得到了鼓励。

他先看了小孩的指纹呈紫色,并已透出气关,舌尖红,苔根白微腻;又向徐夫人询问了小孩的饮食和二便——小孩儿喜凉食,尿黄,大便微结,二日一解。脉证参合,父亲认为当属秋间燥邪潜伏体内,日久化热,复受冬日时邪而引发是症;从孩子的空嗽声音和大便呈现微结来看,是热重于里,表邪尚轻,治采清解之法。

遂疏以:京白梨去核一枚、白萝卜一两、嫩莲藕一两、杏仁泥一钱、鲜芦根一两、炙甘草五分。三剂宽汤煎煮,梨熟汤成,日间频饮。

处方完毕,父亲先请四老师过目,并嘱徐夫人要小孩近日勿食寒凉粘腻之品,汤粥将养。

四老师看了父亲的方子之后,向徐夫人说:"我看不需三剂,先抓二剂就行了。"然后又对父亲说:"治小儿外感病,留有自愈余地是很重要的。医生为保险起见,常嘱病家愈后宜再剂,以资巩固,对成人患病可采用这个法子,对小儿则毋需,以免小儿生发之气受挫。宁可再诊,不宜多服。"四老师转而再对徐夫人说:"刚才培基所嘱将息之法很重要——望夫人多加照顾。"

父亲当时年轻,难免求功心切,第二天遂去四老师家打听小孩的服药情况。四老师说:"不用着急,你的方子开得很漂亮,确有施公神韵。但是,有自信,是做一个医生很重要的条件。看病要具备三点本领:扎实的功夫、敏锐的直觉、成竹在胸的把握,方不致误人性命。"文修先生轻言款语的一席话,令父亲当下顿感为医责任之重。

尽管如此,又过了一天,父亲还是没有按捺住,再次去四老师家拜访。四老师一看见他就笑了,"今天徐家来电话了,小孩已经好了。徐先生还要见你呢。"父亲听了四老师的话后非常高兴——"医"线相牵,从此又为结识另一位画界名家而铺陈了机缘。

1940年,著名书画家李瑞善先生赠与父亲的《荷花图》的折扇

五、学养：诗书画医同参

亲见张大千作画，缔结艺术妙缘

一天，父亲去寿玺先生家拜访，在谈论儿科诊病的心得时顺便聊到前段时间给徐悲鸿先生小孩儿看病的事。寿先生听了很高兴，说："正好我要告诉你一个好消息——中国美术学院已迁至北京，地址设在东总布胡同的北平艺专院内，徐先生任院长兼艺专校长。因校舍比较小，最近北平行辕主任李宗仁先生为学校找到一所大校舍，就在协和医院对面。徐先生要请大千居士（八老师）到家里给李先生画一幅画……你去问问四老师（张文修先生），方便的话就陪八老师一起去见徐先生吧！"

水到渠成，父亲陪同张大千先生来到徐悲鸿先生府上。刚进徐家大门，就遇上了徐夫人廖静文女士。夫人见大千先生带父亲一起来了，先是对大千先生的到来表示感谢，然后对父亲说："薛先生，您开的药效果真好，以后小孩有病，就找您看了。"

父亲随徐夫人和八老师来到了徐先生画室，见到好友刘金涛早已在那里为八老师备好笔墨纸砚了。当八老师把父亲介绍给徐悲鸿先生时，徐先生非常高兴，说："真是感谢你了，以后要常来我这儿玩啊！"父亲回答说："我会常来向先生请教的，只要不打扰先生。"

这时金涛已为老师磨好墨，只见八老师大笔一挥，六尺荷花图转瞬即成，这是父亲第一次亲见大千先生作画——天啊，这哪里是画画！只见先生神情自若，有如闲庭信步，妙手偶得，是那么率意自然。画卷既成，仿佛使人置身于清新的荷塘，袅袅荷香萦绕鼻息之间，心胸为之舒畅愉悦。

父亲后来曾对我讲："看先生作画，初起只是几个毫无关系的墨团，然后巧妙地连接几笔，又缀点出荷花，至最后才看出墨色的次第敷染，全在有序之中，一幅虚灵磅礴、笔墨天成的荷花图，神话般地跃然纸上。尤其是荷叶的恢弘气魄、荷花的秀雅清润，自有妙不可言的法度……"

父亲回到家后，大千先生作画的情境久踞心中。他不禁一次次揣摩着先生在笔墨纸印间自如纵横捭阖的风姿，和随心起承转合而洇染出的浓淡幻化之美——一切似乎风动灵波般偶然，一切又如匠心独具的井然铺排，闭目回想，如同眼耳鼻舌身意再一次地共品共享。

就是这次亲目大师与生活浑然融合的风采，让父亲与书画进一步结下了终生引为乐趣的情缘。

[我的插话]

对书画的欣赏和研究是父亲一生中本职工作之外的最大情趣。和父亲去看画展，是让我最为期盼的一件事。在为我讲解书画故事时，他那特有的天真浪漫、灵动不羁的神情和语言，一反平时在劳动改造、读书、抄写笔记时的专注少言。

在我看来，父亲是一个有大性情的人：他有时极其蔼然可亲，比如在病人、朋友眼中，他是那样值得依托和信任；有时却又严厉得不近人情，例如对家人和子侄们，虽是疼爱有加，但仍会让人觉得敬畏，有着不能碰触的规矩；还有时是那样严肃认真，一丝不苟；更有时是活泼得让人感觉不到他的年龄几何。这一点从他一生留下的文字就能看出：既有在格子里的清秀蝇头楷书，又有漫无拘束的行草；既有柔情匠意的亲切，亦有刚直不阿和毫无掩饰的洒脱。所有这些饱受艺术滋养后生发而出的性灵自由之体现，唯有长期生活在他身边才可能感受得到。

五、学养：诗书画医同参

北平文化界师友祝贺诊所开业

在忙碌的学习和任教之余，父亲在家中开设的诊所也平缓地接待着一些相熟多年的患者。日常诊务一方面让父亲学以致用，丰富着临床实践，同时也可以贴补些家用。

1945年春天的一个早上，父亲正伏案看书，忽然隔窗看到一个熟悉的身影转身离开了诊寓门口——显然站了许久，却没有进院儿。呀，这不是寿先生吗？他怎么这么早来家却一句话不说就走？莫非对我有什么不满意，却又不好直言？

想到这儿，父亲再不敢犹豫，赶紧穿好衣服，带着疑惑和不安追到了寿先生家。刚到门口，就见寿夫人宋君方先生高兴地迎了出来，"恭贺你诊所开业，寿先生正为你写牌匾呢！"父亲刹那恍然，于是随夫人进了寿先生的书房。

寿先生笑呵呵说："看看，我写的诊牌你满意不？"父亲刚才的不安，一下被寿先生的情意融化了。只见桌上五个大字"国医薛培基"，酣畅清正，风骨皎然，颇似先生时时注视自己的殷殷目光。这时，又听寿先生用好似不满意的语气说："我这叫不请自送啊！"父亲赶紧说："学生惭愧，是我不敢有劳老师，太感谢您了！"说罢，深深鞠躬致谢。

寿先生从桌上拿起一个小盒递到父亲手上，说："我再送你两方印章。一方是我给你诊室取的名字，不知你是否喜欢。古人有个说法，'忠心的大夫，孝心的厨子'，做医生品端才能术正，我为你取的诊室名叫'忠心堂'。另一方章是'去病延年'，意思是既要有救人之心，还要有延年之术，方可为医。"先生一席话，令父亲深深感动，再次致谢。

寿先生说："你今天把章先拿走，字先放这儿。我让禹民（金禹民，寿先生弟子）刻好后，再送给你。我已跟安先生说好，选一个日子，我们大家为你的诊所开业庆祝一下。"

父亲一听，惊喜和惶恐交集，一时不知说什么好。寿先生看到父亲的神情，笑了，说："只要你好好努力就行了，大家都为你高兴、盼你更好。其他的，不要想得太多。"

父亲从寿先生家出来，没有回家，直接去了韵古斋找好友刘金涛，和他商量怎样把事情办好。金涛先生先是否定了父亲打算在丰泽园请客的想法，他说："据我了解，你这样做，他们也不一定高兴，因为几位先生都不甚喜酒席宴请之事。我觉着你还是先和安先生商量一下，还可了解到哪些人当天能到场。"

父亲一听，觉得金涛说得有理，于是赶紧先找安幹青先生商量。

果然，安先生也说："大家都很忙，吃饭就免了，准备点果茶就可以了。"又告诉父亲，"这一次是文修先生和寿先生提出要为你诊所开业大家聚会一下，去的客人是书画界的几位老朋友，这样你能有机会和这些前辈见见面，也好将来与他们多一些往来和交流。"

然后，安先生又拿出一份拟好的邀请名单递给父亲，说："这些先生，我和你四老师、寿先生事先已分别邀请过，但还需你亲自上门拜请。"此刻，父亲再一次感受到自己被先生们不着痕迹地爱护着——看得出来，先生们早已替他把事情考虑周全了。

到了开业那一天，名单中所列请的先生们大多数莅临诊寓祝贺，还

五、学养：诗书画医同参

1945年父亲诊所开业，由金石家寿石工先生手书，其弟子金禹民先生篆刻的牌匾

有的赠送了墨宝。荣宝斋的掌柜王仁山先生也带领琉璃厂十余家书画店的掌柜和师傅们前来恭贺,场面甚是壮观。一时间,整个东北园附近的街坊们纷纷议论:"这些名家亲自到场揭匾祝贺,这位大夫的医术一定错不了!"

如此情谊之往来若干年,父亲和北平文化界的许多前辈们结下了真挚可贵的师友之缘,为以后自然形成的患者群奠定了口碑和基础。

[我的插话]

安先生为父亲拟的邀请名单中,很多只是听说而无缘见面的名家,比如:溥儒、陈半丁[①]、王雪涛[②]、陶北溟、陈雪屏等。另外是初识不久和相熟的师友们——张大千、罗复堪、徐悲鸿、陈垣、叶浅予、张伯英、寿石工,还有自己的老师施今墨、朱壶山、富雪厂、杨叔澄(华北国医学院教授)、陈宜诚(华北国医学院董事长)、张文修、安幹青。安先生谦逊地把自己的名字写在了最后。

安老师叮嘱父亲带上请帖逐一登门拜访和邀请,并提醒道:"因为他们都很忙,有的先生可能会安排弟子或家人前往,也要表示理解和感谢——

---

① 陈半丁(1876—1970),字静山,浙江绍兴柯岩西泽村人。擅花卉、人物、山水、走兽。作品有《卢橘夏熟》《高枝带雨压雕栏》《惟有黄花是故人》等,有《陈半丁画集》《陈半丁花卉画谱》行世。
② 王雪涛(1903—1982),号迟园,河北成安人。近现代著名的花鸟画家,对小写意花鸟画做出了突出贡献。为20世纪借古开今、化西为中的卓有影响的花鸟画家。

至少你从此就有机会和这些前辈接触了，能得到名家们学养的感染是最重要的。"

父亲的诊所开业时，寿石工先生所赠的印章

国医薛培基

诗书画医相通的参合思维

随着父亲与书画艺术界师友们的交流日渐增多,他的临床法度往往会在不经意间突破单纯的医学视角而收获超出预期的诊疗效果。老人家告诉我,这是青主先生最擅使用的"借宾定主"法,也就是将书画创作灵感融入医学思维之中所产生的意外之妙。

父亲讲的一个张文修先生举过的例子让我印象极深——《傅青主女科》中带下病(相当于现代妇科慢性炎症)的著名方剂"完带汤",方中十味药物,白术、山药用量重至一两,而柴胡、黑芥穗只有五分。方中药物总量换算成今天的剂量约108克,其中的人参、白术、苍术、山药、白芍、车前子、甘草七位药占去了104克,而柴胡、黑芥穗、陈皮三味只占了4.2克,约等于26∶1,如果按药的种类计算,应该是7∶3。如此悬殊的比重,是不是后三味药在方中一定是无足轻重的呢?或者说是从属作用呢?非也,这是青主先生将后三味药作为点睛安排的独到之处。

整个方子宜如此解释:中医理论认为,当人摄入饮食后,消化系统将其中有益人体的营养物质进行提取,化生成精、气、血、津液等营养能量,分送到需要的脏腑器官,以维持人体生命活动。然后将那些有碍于正常生理功能的多余废浊物质通过代谢系统排出体外。然而白带的形成,是由于对女性功能有益的成分没有完全提取出来,或者说提取出的精微营养不够纯净;本应排除体外的糟粕,因其仍含可利用的营养物质,所以主管二便代谢的肾脏,对这些精杂相混的液性物质,不肯完全排除体外,而寄留女性生殖系统之内,中医对此称之为湿邪,是久蕴体内而形成女性炎症的致病分泌物。青主先生方中的七味,主要作用是加强人体消化、吸收,即中医谓之升清(将有用成分提纯出来)、降浊(将废浊东西排出体外)。而方中的三味药是帮助、促进和加强这一生理功能,同时将提取出来的营养半成品再次给予提炼,并注入新的营养成分化成精微能量,分送到人体最需要的地方去。

"完带汤"如此精妙的安排,简直就是一张泼墨写意与工笔细雕融汇一体的画卷。说得具体一点,就好比一幅六尺墨荷图,寥寥数笔渲染出的两张气势磅礴的荷叶,占去了整幅纸三分之二的位置,而在荷叶中间用宿墨点画出的一颗水珠旁,落着一只身长三公分、二目闪光、纤翼透出荷叶碧色、栩栩如生的蝈蝈。这只蝈蝈似乎听到了什么细微响动而噤声,准备随时飞离。观者被这只活灵的小生物所吸引,不由得会感觉墨荷摇曳,似欲助小蝈蝈一跃而出,尽情徜徉天地间去享受生之自由。此情此景,一点不会令人认为墨荷拙重和小蝈蝈微不足道,而是相映成趣,把观画人引入夏末秋初的爽净,醉入画境的禅意中……

当说到书画欣赏与中医的关系时,父亲坦言:"将书画艺术构思方法应用到中医诊病思维习惯中,是我一生最为得意的一点。凡学中医者,无不以张仲景所著《伤寒杂病论》为圭臬,然《伤寒论》一书,主旨以三字涵之,那就是'存津液'。你看生活的'活'字,左边是水字旁,右边是舌字,这个字有三种解释,是与人的生活生理密切相关的:一是人类在生活中是离不开水的;二是中医认为人体生命活动的物质基础是精、血、津液,三者无不以水液为基质;再有就是人的身体在生、长、壮、老的过程中,以脾胃为中心的消化系统,是人类生命活动的后天之本,然而作为消化系统

国医薛培基

1946年，北京四大名医萧龙友先生赠与父亲的荷花图折扇，并在背面题写诗句

有一个重要能量来源是舌下的'金津、玉液'两穴，由此分泌出来液性营养能量。故而张仲景在书中强调了人体津液的重要性。"

说到张仲景的"存津液"，父亲还曾讲过这样一段趣事。有一次父亲参加张文修先生家中的雅集，当时在场的有张文修、张大千、于非庵、徐悲鸿、寿石工等几位前辈。几位老友相见，相互之间没有客套，在轻松随意的气氛中畅所欲言。那一天的话题是八老师（张大千先生）从谈论徐悲鸿先生画马说起的："我过去只听过画龙点睛的故事，前几天亲眼目睹了悲鸿的'画马点睛'。你们当时是没有在场啊！一幅奔马画完后，只见悲鸿湿笔浓墨，手疾笔落，真如点漆，随即浅洇，奔突神勇的一匹千里良驹顿有腾跃而出之态！"这时大家再看大千先生早已离开座位，炯炯目光辅以丰富的肢体表演，简直就是一匹"活奔马"。

这时四妈（文修先生夫人）从内室出来，看到大家都在目不转睛地看着八老师"表演"，笑得眼泪都流了出来，用手点指着八弟说："都快半百的人了，还这么神气活现的！"四妈的一句话让大家回过神来，这时父亲才注意到在座前辈都早已进入大千先生的顽童形境之中，自然是其乐无穷了。接着大千先生把徐悲鸿画的马挂在了墙上，请大家欣赏。先生们站在画前，大家都从不同角度赞赏评价着这一不可复山的精妙画作。就在各位老师议论画中笔墨精要的时候，父亲迅速掏出随身携带的本子，耳听笔记着这一可遇不可求的名家随性点评妙语。其中尤以四老师（文修先生）的一句话，让父亲顿生会心佳意，画中意理豁然与仲景"存津液"之心法一脉贯通。

自八老师把画展开那一刻起，四老师就注意到了大千先生讲到马眼时，父亲不但聚精会神地听，还不停地记录着几位老师的评议。爱徒如子的四老师此时用左手拉着父亲，右手指向清灵的马眼说："培基，你看，这匹马的肝肾精血有多充盛啊！"在四老师指示下，父亲注意到这只马眼光芒与骁勇的润灵之气，正合中医所讲"五脏六腑之精皆上注于目"的诣旨。看似简单的一个墨点，是怎样产生这血脉灌注的灵光呢？父亲在惊异中，急待四老师给予讲释。四老师看出了父亲求知的急迫，笑了笑说："瞧把你给急的！我只能看出来，确实讲不出是怎么画出来的，还是请你的八老师给讲讲吧。"刚才父亲与四老师的对话，大千先生一直在留意听，此时便接过兄长的话说："四哥的眼光就是不一样。对此我有一个特别的体悟，就是画翎毛画的时候，无论是工笔还是写意画法，均要强调笔墨的润泽效果。若失去润泽，画出来的翎毛画就如同标本，全然没有生气了。悲鸿先生的马眼的晶润灵光也是同理。你们现在看到的是画与内心生出的共鸣。要是当时在作画现场，还能看出些门道来，那才叫过瘾呢！"

大千先生继续解释说："人之论画，多谈笔墨功夫，其实用水之法亦有妙境，所以说水墨画之笔、墨、色、水、韵是浑然的天合之曲，有道不尽的巧妙。悲鸿在画这张马的时候，一反常法，马眼的一笔是最后点上去的，这一笔先是点蘸了一点水，然后再浸蘸浓墨，一蹴点画而成。这些细微的迅妙之处，看似简单，但绝无漫心随意，所以才有这种骁勇润灵的效果。"听了二位先生的点拨，引发了父亲无限的遐思联想。

自此后，书画同医理的思维模式让父亲进入更深层次的专业化境。尤其到了中晚年，其行医和写字、临画的风格更加精进多变，在临床中画理同药义的相互参悟也让他屡屡获得一名良医的心灵享受。

五、学养：诗书画医同参

1934年，著名画家王雪涛先生赠与寿石工先生的画卷。1946年，寿先生补题文字后将其赠与父亲

六、治学
平生脉学是一绝

平常心一颗

中西两脉贯通

书画医三源融合

蒙多师教诲而成方家

师门手足：祝谌予先生

祝谌予先生是我毕生敬仰的老师。在我很小的时候，就常听父亲给我讲他和祝师的一些故事。父亲比祝师小一岁，同出施门。但父亲却总对我说，他与祝师是亦师亦友的关系。原来，父亲与祝伯伯虽然年龄上只差一岁，但入师门却晚于祝伯伯将近八年。父亲在华北国医学院读大学三年级时，祝伯伯已从日本留学回国，在学校主讲施今墨先生的医案课。

施先生在诊病时，对一些能够有明确西医诊断的疾病，在病例书写时定会采用西医病名，再结合中医辨证，选方用药。对临床治疗有效的验案，加以治疗前后中医四诊与西医检查指标的对照，从而探求中西医融会贯通之处。所以在讲述施先生的医案时，还原诊治中的思维过程是很重要的。我父亲说，没有人比祝谌予先生更适合讲施老的医案课了——首先是他曾跟随施先生学习六年，对施先生诊病是耳闻目睹，身临其境，对老师诊病的思维过程、临证思辨方法都很熟悉；再有就是在随师侍诊中积累了大量关于中西医之间的临床问题，他是带着这些问题去日本求学西医的。在日本留学期间与那些没有学医经历的同学相比，他显然具备起点优势，所以学习成效很好。学成回国后，他任教施先生的医案课时，会把自己当时学习中的一些困惑、难题的探求过程和答案都讲解得透彻而全面。我父亲讲，当时的同学们都很期盼这位"小先生"来上课（与当时任教的大多数资深中医老先生比，祝师相对年轻和意气风发，所以被大家亲切地称为"小先生"）。

六、治学：平生脉学是一绝

我父亲还常对我说："我爱听他讲课，除了他课讲得好，我还觉得他说话的声音特别好听，像风过金铎似的悦耳，闭着眼听都是一种享受。"这一点，我与父亲有同感。为这事我曾问祝师："祝伯伯，您是怎样学好讲课艺术的？"祝师告诉我："这些都是在日本求学时锻炼出来的。当时和我同期求学的那个班有二十多人，全班只有我一个人学过医。我在当时也很会玩，所以同学们都喜欢和我交流。平时大家一起讨论学习问题时，我会将讨论时的学习难点加以汇总，向日本老师提问，然后再把老师的解答加上我的理解传达给同学们——我很喜欢做这种上传下达的事，因为在此过程中，我深受其益，也自然掌握了一些讲课技巧。"

在学习方面，父亲得到祝伯伯的帮助很多，比如他经常会用日文给父亲讲他在日本的求学故事、口语对话的方法和一些西医知识，这些"小灶"不时吃下来，使父亲成了华北国医学院的同班同学里日语成绩最优秀的一个。再有，父亲在随施先生侍诊时，经常有几位年长的师兄们去诊所，向施先生请教一些问题。这些师兄有李术仁、魏舒和、勾佩章、赵松泉、董德懋等，他们都是施先生的早期弟子，已有很多临床体会，所以在捕捉施先生看病时闪现的睿智灵机等方面，父亲落后于师兄们的学习。但每次他们与施老交流时，父亲都会迅速记录下来。然后一有空闲，父亲就会向祝伯伯请教或与之讨论，这样父亲就较其他同期侍诊的同学进步得快。祝伯伯也很喜欢与我父亲讨论这一类问题，因为那时祝师已经独立应诊，很少有时间去跟随施先生了。施先生是一位终生学习的人，到了中晚年愈加精进多变，进入出神入化的境界，祝师也能从父亲那里不断获得施先生这些宝贵讯息，和自己曾经积累的老师的经验见解有了续接。

施今墨先生一生有很多新的理论创建，但由于诊务繁忙便无暇将其系

《祝选施今墨医案》内印著者祝谌予先生25岁时照片

统整理出来。我父亲说:"施先生在学术上已形成了自己独特的理论体系。但当时基本散见于平时积累的资料中,未加系统整理。后来经祝师兄精编梳理,才使师门医学逐渐形成体系建树——传施门之学,祝兄功不可没。"

这一点,在我数十年的学医生涯中,体会至深,尤其我后来任施今墨医药学术研究中心秘书长时,在搜集整理师门学案工作中,曾苦心探研体悟其学术体系脉络的关联。事实证明父亲的话是准确的。所以我认为施门之学创于施今墨先生,整理阐述以至师门医学特色成为系统,祝师当为第一人。

六、治学：平生脉学是一绝

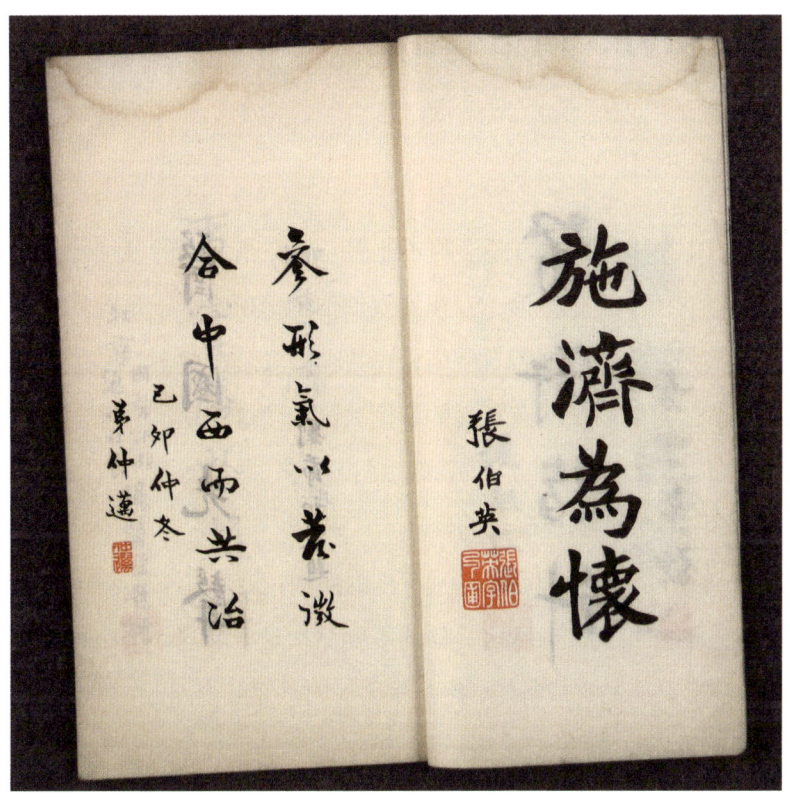

1940年，祝谌予先生所著《祝选施今墨医案》内名家题字

国医薛培基

祝师授秘方，同治骨结核

父亲1945年从华北国医学院毕业后，就在东北园的住址开了一个诊所。每周必有两个下午停诊，专程到祝伯伯的诊所去，一是观察学习师兄是怎么看病的。看病之余若有空闲，再将读书和临证的困惑和体会与祝师一起交流。二是带着一些有意义的病例去讨论。这些病例有一些是在父亲诊所看过的病人，但治疗效果不够理想；还有一些虽然是很有效果，父亲还想用中西医两法得到更确切的诊断。

父亲曾讲过一个让我印象特别深刻的病例：父亲的好友，李佩生先生，在他二十七岁那年找父亲看病。他的主要症状是腰酸痛，平卧和坐着疼痛就会轻一些，只要站立或行走，疼痛就会加剧。尤其走路时，脚底好像"没根儿"的感觉，这样的情况持续近一年了。近一月来在腰骶部出现一个鸡蛋大小的肿物，不红不热。李佩生开始找了一位中医外科医生，给敷上了外用药。用药后肿物溃破流脓，连续几天，脓越来越多，疮口也不见好转，于是赶紧来到我父亲诊所。父亲为他望舌诊脉后，仔细观察了溃破处，只见肿物虽已化脓，但肿而不红，手抚亦无热感，符合中医"阴疽"的诊断，于是开了一张治疗阴疽的方子，"阳和汤"加上黄芪、当归、蒲公英、生鹿角等几味中药。病人连续服药十几天后，肿物削减了十之七八。排出大量脓血相兼的分泌物，自述走路轻快了许多，没再出现明显的不舒适。李佩生对父亲连连表示感谢。

按道理这对于一个年轻医生来说，应该是一件值得高兴的事。可父亲

六、治学：平生脉学是一绝

认为，虽然是按阴疽治疗有效了，是否经西医检查还可能有致发肿物的菌体存在呢？是否外在的症状得到改善，但仍有潜在的致病因素还未完全消除呢？或者说，趁现在疮口还未完全封好，抓住这个时机请西医检验是否还会依据更充分？一想到这些疑问，父亲觉得必须要把诊断搞清楚，以防日后再遇此类患者而漏诊。于是父亲陪同李佩生到祝师诊所会诊，经祝师按西医诊断方法，初步诊断为"骨结核"。同时看了父亲开的方子，并对病人细细问诊后，祝师对父亲说："目前的疗效证明你的诊断用药是正确的，为什么还要再请我看呢？"父亲回答说："我是想让师兄来给诊断一下，西医应诊断为什么病。是否中西结合治疗，效果会更彻底。您刚才诊断为骨结核，那么骨结核在临床的诊断要点是什么？怎么就能知道他是骨结核或是慢性炎症？"接着祝师就向父亲讲解了关于骨结核的几方面诊断要点。

另外祝师告诉父亲："我们今天的诊断还只是一个物理诊断。若要得到确切诊断，还需得到理化检验的证实。但这些检查需到医院才能完成。"于是祝师和我父亲陪同患者去协和医院做了相关检查，证实了"骨结核"的诊断。通过祝师帮助而全程亲历这例骨结核病的诊治，父亲学会了当时很少见的对该病的明确诊断和有效治疗的方法，这对四十年代的一个中医来说，实在不是一件容易事。

因了这个病例，祝师特意对我父亲说："施老曾传我一张治疗骨结核病的验方，我写给你，你将来用到时可以辨证使用。"此举看似简单，可在旧时，这种被视为"秘方绝活儿"的方法不会轻易授人，何况是同开私人诊所的同行——祝伯伯襟怀之开阔，由此可见一斑。后来我父亲按照原来的方法，再加上施先生验方加减，继续为病人治疗月余，彻底痊愈。后来，这位患者和祝师也成了挚交。

父亲在华北国医学院留校任教《分类实用药物学》课程期间，每周三节课。每次上课，父亲常穿插一些实际病案加以讲解，促进学生们的理解。因为十分敬佩祝伯伯的讲课艺术，所以父亲经常请他指导教案，有时还用试讲的方式让祝师给提出不足和改进的方法。

祝师也很愿意和父亲讨论关于中药的问题。在一次我与祝师聊天时，祝师曾对我说："你父亲常从药物的生长特性和生长过程中的一些现象以及药用部位、炮制过程中讲一些本草书中未讲出的功用，很让我受启发。"祝师还多次给我讲他和我父亲的一些交往中的故事。祝师曾对我说："你有一点，太像你父亲年轻时候了，那就是你父亲的'每事问'。"

记得祝伯伯曾给我讲这样一个故事：1945年秋后的一个下午，父亲的诊所来了一位女性患者，三十岁左右，求诊主诉是胃痛，时有泛酸、烧心、大便粘滞不爽。望病人舌边红，苔白腻。诊病人脉见两寸沉细无力，关尺浮洪有力。父亲在隐约间觉察脉中有疑，此病不完全符合胃病脉象。遂详细追询病人有无自胃部有一股向上冲至咽部的气冲感，然后出现胸中憋闷急迫的感觉，是否经常夜间做惊恐梦。在父亲的提示下，患者说在半月前确实出现两次气上冲咽、胸闷，但很快就过去了，以后未再出现类似情况，夜间着急害怕的梦经常有。随后父亲让病人提起裤角，看到病人下肢有凹陷性水肿，遂嘱病人去医院检查排除心脏疾患。隔日，病人持检查结果复查，心脏未见异常。但父亲并未因此放松警惕。遂据中医脉证为病人开了"半夏泻心汤加味"。五天后复诊诸症均愈，梦也减少了很多。又按原方服了五剂，基本上消除了自觉症状，舌苔也有明显的改善。但脉诊仍有迹象表明心脏方面有疑问。父亲遂约请祝师给予会诊。祝师听了父亲对病情诊治过程中的述说后，向病人详询了病史，又仔细做了一些辅助检查，也隐

六、治学：平生脉学是一绝

1988年12月父亲薛培基（左）与祝谌予（中）李介鸣（右）在顺义中西医专家门诊部合影

1993年12月5日，在祝谌予老师从医60年暨80岁诞辰庆祝会上，施门同学合影留念

约间有一些疑虑，但一时也找不到其他有力证据考虑心脏疾患。最后建议病人注意观察，有任何不适，再去医院检查。

在此期间，祝师和父亲并未停止思考。首先祝师查阅了留学期间的一些参考书籍，寻找有接近可能的答案。在祝师和父亲收集的信息下，父亲开列一些相关的检查，嘱患者继续到医院排查。功夫不负有心人，一年后，病人果然查出确有神经激素系统功能失调引起的慢性心功能不全。父亲和祝师的严谨，在验证了祝师和父亲共同的判断同时，也由于发现及时，为病人赢得了治疗时间。

[我的插话]

本文中祝伯伯与我父亲联手诊治的"骨结核"病人与他们年龄相近，并且这位李佩生先生也曾经留学日本，是学工程的，当时在交通部工作。在整个诊疗过程中，他很信赖祝伯伯与我父亲，并且与他二人配合默契，三人大有相见恨晚之感。几年后祝师赴云南工作，也是在交通部隶属单位，与李佩生又成了同事，可见世间没有偶然之缘。我小时候也常去这位李伯伯家玩儿，他去世时九十岁，结核病一直未见复发。

深究病史治愈"胎里惊"

父亲看病时非常重视病史的问诊，很多时候一些近乎离奇的线索经他敏锐地"三刨两问"之后，沉埋日久的病因源头遂浮出水面，为疗效的圆满提供了可能。

曾有一个五岁小男孩，比同龄人要胆小很多，常在夜间睡眠时抓住母亲哭出声来。当大人叫醒他时，他连眼睛还没睁开就赶紧往母亲怀里钻，嘴里喊着"我怕、我怕！"两个小手心甚至会淌汗。经多家医院诊断为"癫痫"。服用西药后，夜间发病基本控制，但白天小孩还是特别胆小，面色青暗，双目白睛布满血丝，两手食指纹（从指端到指根的纵纹）有一条紫线。

父亲接诊后，就问患儿母亲："你好好回忆一下，在你怀孕五个月后是否曾受过大的惊吓？"经过夫妇双方仔细回忆，他们想起来确实在怀孕六个月时，太太陪着先生去滑冰，太太在岸上看着先生玩儿。当时没有室内滑冰场，大家都去顺义境内的潮白河上滑冰。在人家玩得高兴的时候，只听河中一声巨响，冰面炸裂，转瞬有几个人掉进河里，孕妇的先生也在其中。幸亏当时的热心人反应快，落水者一一被救上了岸。那次以后，太太曾有过小腹隐痛的情况，但时间不长就没事了，到医院检查也未见异常……患儿夫妻对父亲"观未见，知未明"的找病根儿水平甚是钦佩，连忙追问："薛先生，您说我们孩子还能治好吗？现在可以不吃西药了吗？人家都说常吃这类药，将来可能会对孩子智力和发育有影响，您的判断太神奇了，我们全靠您了！"面对家长至诚至切的心情，父亲安慰他们说："不要太着急，孩子还小，正在生长发育阶段，生机潜能是无限的，一切改变都有可能。我开点小中药，让孩子坚持服用——药不难吃，小孩子很容易接受。西药暂时不能减，待孩子逐渐改善后，慢慢地减少西药用量，最终可以停用西药，也不会给孩子留下什么不好的影响。另外，你们到副食店买些茯苓夹饼让孩子常吃，对恢复他的病有帮助。"

就这样前后调治了一年多，孩子的症状渐渐消失，而且停服了西药。现在这位当年的病孩已年近不惑，一直未复发过。

[我的插话]

"当医生的，多用一些平常人能听懂的话去和病人交流，少说过于玄妙的医学术语就能减少病人的担心和恐惧。有很多时候医生眼里的简单常识，很可能就是病人难以理解却迫切想明白的知识，所以耐心地给人家解释清楚是为医的本分。还有，细心地了解病史，无限度地接近病证真相，减少医患双方的盲区，尽可能实现医患双方的信息对等，更是一个医生必须具备的品德。"这是在我也成为一名医生后，父亲对我的谆谆教诲。

六、治学：平生脉学是一绝

不是观音常"送子"

1967年暑假的一天晚上，我们全家正在吃晚饭，一对大约四十岁的夫妇抱着一个四五个月的小孩儿来到家中，进门后，孩子的父亲就说："薛先生，我给您送孙子来了。"只见孩子的妈妈托起小孩儿的手说："问爷爷奶奶好。"眼前的这一幕，当时尚为少年的我虽然不太了解事情的来龙去脉，但也能猜出几分缘故。

从他们与父母的对话中，我大致知道了这一家三口的故事：事情发生在两年前，眼前这位先生陪着太太来找父亲看病。太太当时三十七岁，一年来月经稀发，数月一行，量少，颜色暗紫。经期心情抑郁，对生活没有兴趣，面部暗斑成片，身体日渐发胖。经医院检查诊为"双卵巢有早衰迹象"。夫妻结婚十几年，始终未孕。这次求诊，主要是因为太太的精神状态，令夫妻二人担忧，当时先生对父亲说："月经不来也没关系，只要能让我爱人身体好就行了。"

据这位太太讲，父亲为她把脉、看舌苔后，便知道她的病是因长期焦虑引起，应还有乳头溢乳现象，并嘱咐她去大医院化验一下泌乳素。若不是父亲提醒，她还从未注意到身体细节处的变化。去大医院做了检查后才知道，自己的泌乳素竟然是正常人的七倍。后来她吃了父亲三个月的药，随着月经按时而来，心情也一天比一天开朗。暗斑没了，体重也恢复到正常标准。感受着自己越来越美、越来越舒心的变化，她激动地说："薛先生，您真是神医！之前去过多家大医院，也没有医生发现我的这个病。您给我开的方子每剂只花两毛七,而且也不难喝。每次来,还为我扎针,从不收钱。您的话虽不多,但每句都是我想听的……"

要孩子的愿望,随着这位太太妇科病的痊愈,似乎也没有那样遥不可及了。看到太太的状态大为改善,父亲也很为她高兴,又叮嘱她的丈夫去做体检,结果发现这位先生的精子有些异常,夫妻俩便同时吃父亲开的药调理。一段时间后,这位太太便怀孕了。现在孩子已经六个多月,甚是讨人喜爱。小孩儿的妈妈拉着父亲的手说:"我先生是家中独子,老人比我们还盼孩子,这么多年以为没指望了。多亏了您!我们全家没啥能报答您的,只希望您和夫人能收这孩子做您孙子……"

父亲笑着说:"好啊,这个孙子,我认了!我只有一个儿子,但我有很多个孙子。"的确,经父亲调治好的不孕不育病例太多了,治好后出生的小孩已记不清有多少,只知道类似这一幕的情景在我家经常出现。特别是每逢春节,来家中拜年的"送子成功"人家总是很多,我们家也和这些人家成了相互敬惜的好朋友。

六、治学：平生脉学是一绝

一根针，一把草，治好急性热病

我小时候，农村的医药卫生状况比较落后。尤其多见的是因急性发热性传染病，如麻疹、猩红热、霍乱、伤寒等，失治而致死者；加之当时经济普遍困难，父亲用手中一根针、路边一把草治愈无数患者。他看病不收诊费，而且药费低廉，很多药品均取于大自然，如百草霜治霍乱、白茅根、童子便治鼻衄，鲜大小蓟、车前草治尿血……这些看似平常之品，其效甚速。乡间数十里，慕名求诊者众多。

父亲擅治急性热病，用简、便、验、廉的方法打破了人们观念中"中医只能治慢性病"的印象。七十年代，父亲曾救治一例高热十七日不退者。患者本人是公社卫生院的一位西医大夫，发病时间为公历11月中旬。起初发热、恶寒、身痛，体温38.2℃，血象检测未见异常。病人自知医事，遂口服感冒清热药和解热止痛片等，热随汗出暂有缓解，体温降至37.8℃。但其症状不见改善，反而日渐加剧，发热至39.7℃，恶寒、身痛、腰痛，经输液亦不见改善。无奈转至县医院，经多方检查，除白血球略高外，余无异常，县医院以"发热待查"而采取对症疗法。病至半月，发热最高达41.2℃，病势愈发严重——病人高热而恶寒，两床被子加身仍冷得发抖。患者自以为患白血病，情绪极端低落，抗菌素、激素用遍，能缓解发热的时间越来越短，医院通知家属转上级医院进一步检查确诊。此时，病人的一位朋友荐举父亲给予治疗，病人素不信中医，无奈病情渐重，姑且一试。

父亲前往会诊时,发现其室内温度高于一般室温,常人只穿薄毛衣还觉热,而病人身着厚毛衣并盖两床被子,仍觉有风袭入;面红而汗出,但汗出只在头颈以上,全身只热无汗,四肢末端,以手抚之温度低于常温,体温41.2℃(上午10点);身痛,骨节酸痛,尤以腰痛为甚,转侧需有人帮助,尿不甚畅,大便两日未解,不甚干燥;舌淡,苔中黄燥少津,两手寸关脉沉略数,尺脉沉细数,左大于右。父亲诊为少阴伤寒,遂询问患者发病前是否曾有疲劳后性生活,复受寒凉史,病人回忆,承认确实有此经历——二十日前夜间性生活后,出汗较多,即以冷水冲洗,第二天晨起身体有点酸痛,但未见发烧,三天后出现发热恶寒诸症。在场患者家人皆赞父亲诊断之神奇,父亲继续讲:"你素有胃热,可能在发病前大量食肉。"病家点头认同,确在发病前一天晚上,美餐一顿涮羊肉。父亲诊后,遂处以方药:

净麻黄(先煎去沫)5克、制附子(另煎兑入)10克、北细辛3克、生石膏(先下)15克、焦山楂15克、熟川军3克。嘱调配三剂,水煎服,日三次。

三日后,病人家属喜形于色地向父亲汇报了服药经过和病情变化:病人服完一剂,泻下结溏混杂粪便,显黑色,小溲畅利,体温降至37.5℃—38.1℃,四末较前温暖,恶寒亦轻;二剂后,颈上汗出已愈,体温37.5℃,余证皆见改善;继服三剂,大便已无溏软,色暗黄,呈条状,体温在36.8℃—37.2℃之间。

父亲随家属前去复诊,病人愁容换笑容,对父亲说:"我可以跟您学习中医吗?我今天才知道中医疗效迅速,不比西医慢,这次彻底改变了我对中医的偏见。"父亲说:"中医对急性热病的治疗,只要辨证准确,常可覆杯而愈。"继而父亲为其诊脉：两寸关脉浮中取皆有应指，且和缓力匀，唯两尺脉沉。父亲问病人是否还有腰痛，病人答曰："我现在除了腰痛没有其他不适，您的脉法太准确了。"父亲又以真武汤原方二剂，嘱病人汤粥温养，腰痛可愈。果如父亲所言，服二剂后腰痛若失，病告痊愈。

后来，这位医生但凡遇有疑难病例，常邀父亲会诊，并与我父亲成为忘年之交。

另有一韩姓先生，年届五八，也是突发急热——1971年暑月的一天，晚间九点多钟体温升至38.5℃，上吐下泻，腹痛雷鸣，两下肢腓肠肌转筋如遭扭转。其病来势甚急，在两小时之前只是有些恶寒、身痛，并未引起重视，喝些姜汤，覆被取汗，以期缓解，非但无济病情，随后一小时，前述诸证呈进行性发展。

听了家属所述，父亲和我带上体温表、血压表、医针，前往病家出诊。诊见患者面红汗出如洗，蜷身按腹，在院中来回疾走，其痛苦之状让我有些不知所措……不禁心想，还是应该让他去医院急诊，以免贻误病情。于是我把自己的想法小声告诉了父亲，父亲笑而未答。请病人伸出舌头，只见舌红苔白腻；父亲诊其左脉，我顺手为其诊右脉，脉见洪数有力，然后我与父亲换平左右脉，我接过病人左手，脉亦洪数但不及右脉有力；病人体温39.1℃，血压105/70mmHg。

父亲令病人站立，挽裤腿至两膝上，我赶紧用酒精棉球为病人双委中穴消毒，父亲好像并未细寻委中静脉，眨眼之间便进针出针已毕，紫黑血遂顺针孔流出。待血止，他用棉球擦去血迹，请病人躺在炕上，在其左外关、右足三里又扎了两针。从委中放血到外关、足三里留针，前后不超过二十分钟，病人安静了许多。再测体温，38.1℃！我有点儿不相信，甩下温度计重测，还是38.1℃，病人刚才的痛苦面容荡然无存。父亲请其家人从柴锅底刮下百草霜（即锅底灰）一两，过筛，去铁渣，所过细末放至碗中，兑入一两高度白酒，搅匀，用火点燃，待酒精燃尽，剩酒中水分，再兑入适量红糖、鲜姜，复加开水冲泡，频频饮下。嘱近日以汤粥将养，勿食生冷油腻。

回家的路上，我忍不住问父亲："我怎么没有看到您摸寻静脉？如何进针啊？"

父亲告诉我："取此穴，一定要眼真手快。"

"您平常看书都要戴200度老花镜，今天扎针啥都没戴，怎么还能眼真？"

父亲笑了，说："扎多了就有感觉了，熟能生巧就是这个道理……"

第二天，病人自己走着到我家致谢："昨晚您走后一个多小时，我的体温就降到37.5℃，又拉了一次，但肚子没怎么疼，只是'咕噜咕噜'响了一阵子，很舒服，放了很多屁，一夜睡得也很香，今天早晨体温36.8℃，好像全好了。您太神了！"

在此后十数年里，我也对此疗法下了很多工夫，最终掌握了父亲这一经验，受益良多。

还有一王姓少年，十五岁，夏月间因鼻腔大量出血，被诊为"再生障碍性贫血"，血色素4.5克，医院建议"脾切除"，家属不太同意，经人介绍请父亲施治。病人当时因反复大量失血，体质甚虚，频繁感冒，且每次均在高热38℃以上。父亲接手治疗后的第二个星期，病人再次发热38.4℃，因正逢夜间，不方便请父亲，就去当地医院输液，天亮后，体温降至37.8℃；到了下午两点钟左右，病人又出现高热，达41℃，且持续伴有恶寒性颤抖,遂施以大量激素,发热暂时缓解至 38.7℃,又加诸多物理降温法,第二天体温控制到 37.5℃,因病人血象太低,遂输血以缓其危象。

当时主管医生是一位姓朱的大夫,此人西医水平甚高,很受当地患者和同道的推崇。朱大夫与父亲经病人介绍认识,由于双方互有好感,所以经常互相转送病人会诊。当朱大夫得知此人正请父亲看病时,便和病人的父亲讲:"你们的小孩请薛先生治疗,算是找对人了,这位老先生对血液病有很丰富的经验,你们跟薛先生讲,我会积极配合他的治疗。如有急诊情况,及时到医院来,我们全力以赴。"

病人发热得到缓解后回到家中。在到家的第二天下午,病人高热又起,症状与前次发病相同:恶风身痛,上半身汗多,下半身汗少,寒热交替。患者父母急忙邀父亲至家中,父亲听他们介绍了前几日的病情,即时四诊,再测体温,39.1℃。询其小便情况,其母告曰:"小便黄少,尿味有臭气。"父亲急令家人去找五岁以下男孩童子便,越多越好,另嘱他人去药房抓药:白茅根 100 克、六一散(配)10 克,三剂。家人找回童子便约 3000 毫升,父亲嘱将其分为三份,每份做汤,先文火煮沸,去尿上沫,再予浸泡上药 30 分钟,后文火煮药,开沸后 10 分钟,兑入三汁(白梨、白萝卜、白藕,等量取汁)50 毫升与病人频频饮入,不分时间,随渴随饮。随后父亲为病人扎针,双合谷、双三阴交、双外关、双申脉(后两穴为灵龟取穴法)。留针 30 分钟后,请病人喝汤药,大约 15 分钟后,病人有尿意,遂备白盆接尿,解出尿液呈橘红色,尿量约 200 毫升,臊味甚浓,测病人体温,38.6℃。留针一小时,喝药近 1000 毫升,小便又解两次,约 600—700 毫升,病人体温降至 37.5℃,前述诸证皆见改善,汗出已止,夜卧安好。

第二天，患者母亲来家中告诉父亲："今天早晨五点，孩子醒了，想要吃东西，但没敢给吃，早上七点，体温37.3℃，精神很好。"父亲说："要问孩子想吃什么，除肉食外都可以，只是要控制量，不要太多。再将昨日所剩药汁继续喝完，若体温正常，仍服发热前汤药即可。"此少年经父亲治疗后痊愈，现已五十多岁，身体健康。

看到父亲每次治疗急性热病的从容自信，我越来越理解"临证如临阵"的涵义了。显然，扎实的医学功底、良好的心理素养和急病家之所急的同理心是必不可少的条件。

六、治学：平生脉学是一绝

平生脉学是一绝

父亲在与病人交流时，总能快速而轻易地与病人相互会意——来诊者不经意的一个动作、一个眼神或某一句话都会让父亲有所察觉，从而获得其不一定能表达完全的就诊需求。然后父亲再以几句简单的生活、工作上的问候，就能启发病人准确说出求诊的重点目的。接下来父亲再对病人和蔼地解说病情，随着这种耐心的解说，病人往往又及时地想起来一些其他与病情相关的信息……这种医患之间的交流，看似轻松如老朋友闲话家常，实则"步步为营"。日子久了，便常听到来自病人近乎一致的赞美："薛先生的脉头太厉害了，只要他一摸你脉搏，句句都能说到你的心里去。还没吃药呢，病就好一半了。"

当我也成为医生后，常在旁观察父亲，隐约悟出父亲在诊病中有心理学内容，但一时又不知其奥妙在哪里。对此，我多次向父亲请教："爸，您那么短暂的时间就能准确了解到病人大量与求诊相关的信息，全是从脉上得来的吗？"

父亲笑了，回答说："不全是，但脉诊确实很重要。"看到我急于一究到底的表情，父亲自然细细讲来以满足我的求知心了——

那次的讲解我至今记忆尤新，他说："望闻问切是中医诊病之要法，缺一不可，若孤立应用，即有可能造成诊断上的漏误。四诊合参人所共知，但如何做到四诊有机合一，每位医生都各有自己独到的巧妙，见仁见智。我认为脉诊是四诊之纲，换句话说，脉诊是四诊之首，又需与其他三诊贯穿始终。所以仲景先师在《六经证纲》中，均为辨某病脉证并治冠之，是以言脉诊之重要。所以我在看病时，与病人一见面就先摸脉，并且在平脉过程中，与望、闻、问交相施行……"

听到这儿，我忍不住又问："为什么要这样？如果脉诊基本明确了，是不是……"父亲明白了我的意思，严肃地摇摇头，继续讲下去："确实，在老百姓的心目中没有'望、闻、问'三诊的概念，一般都会说大夫您给我摸摸脉，看我有什么病？好像医生只要一搭上病人的脉，病人就会心里踏实很多。但这并不意味着脉诊能定下来病症，其他三诊就可有可无了。先搭上病人的脉，满足了感性信任的心理，此时你要用认真专注的神情与病人对视，以传递'你是他最忠诚的朋友，和他有同样的心情'之感，病人自然就会进入良好的受诊状态。我们日常所见到的病人，多是通过各种讯息慕名而来。当他们见到医生后，若比传闻中的更可信，你的诊前作业才算及格；假若病人见到的医生，与想象中落差很大，病人在心理上就先有了距离，此时医生所获信息的准确程度就会大打折扣。"

就在我若有所悟之际，又听父亲说："中医诊病有三因之说，即同一疾病也会因人、因时、因地而异。三因中首先是患病之人的自身状况最为重要。人的先天体质、性格、生活习惯、社会角色等均与所患病证密切相关。在诊脉过程中，通过与病人交流所获信息，医生的诊脉三指，下意识体会与病人其他三诊所得信息之相符或相异的变化，相符与相异均会为诊断提供相应参考。例如，病人性格外向，而脉象沉细，就说明病人心理有压抑现象；反之，其人内向，其脉洪大，就说明其人做事积极，以此类推……又如病人虽然痛苦异常，但其六脉和匀，虽有些小的不平衡，其病愈后多无大碍，或者病人无明显不适，但其脉前后左右对照均不对称，医生亦应多方验查，以询潜在病因，避免被病人外象所惑，出现误诊或漏诊。还如病人之脉与所患疾病发生矛盾时，医生尤应注意。例如病人外感发热较高，本应见到浮洪大紧滑数的阳性脉，但其脉却出现沉细无力的阴性脉，这时医生就要提高警惕，多方探寻其症结所在。假如病人在找你看病之前，已经西医确诊为某一疾病，且各种检查单据齐全，我会根据西医所诊疾病，认真仔细体会脉象的变化特点，这也是我行医多年的追求。"

最后，父亲特别嘱咐我："脉诊与其他三诊互相印证，需医患高度配合方可实现，切不可过于主观妄断。医生通过所学知识采用提示、启示的方法，让患者了解与自己健康相关的常识，从而主动为医生提供有益诊断的依据，这是一个临床医生必修的功课之一。切忌在诊事过程中，自认为有一点医学常识，就把自己摆在绝对强势一方，对患者发出心理暗示，以致双方产生错觉，形成差之千里的诊断。医患之间的关系，患者才是诊病的主体，不可本末倒置……"

父亲的话，一直是我诊病中恪守的法则，也是多年以后，在临床教学中我传承给学生们的重点理念之一。

[我的插话]

关于脉诊与其他三诊等信息相互参合的观点与效果,我在随父侍诊中曾屡屡见闻。例如高血压病的血压值、血液病中血红蛋白数值等,父亲脉诊中的判断与实际化验数值都非常接近,为此常让我和患者惊叹其神奇。但父亲特别强调,这种中西汇参的脉法只能作为临床参考或提示,切不可用脉诊代替现代科学体检数据。父亲经脉诊早期发现,复经各级医院检查后证实的重症案每年均有数十例,在当地群众中传为佳话。凡经父亲转诊后得到验证的病例,父亲都会认真记录,加以总结。在父亲七十岁后,积四十余年心得,用近四年时间完成了他的诊断学专著《五诊心法要记诀》初稿,书中尤以父亲独特的脉学诊法最见功力。

1988年7月,在中国中医研究院参加施今墨脾胃病学术理论研讨会后,父亲与师兄弟郝际云(右)和赵松泉(左)合影留念

六、治学：平生脉学是一绝

溶血基因催生出的治血病专长

父亲晚年对血液病的治疗尤有心得，先后治愈四十六例"再生障碍性贫血"，控制了三名白血病患者病情，赢得了治疗时间。父亲在治疗血液病时，常常将西医学的检验指标纳入中医辨证之中。例如，血色素低多为肾虚血瘀，在治疗"再障"时常在辨证基础上加入鸡血藤、鹿茸等用以提高血色素的经验用药；血小板偏低者常根据临床辨证选加白芍、甘草、白芨、川军等药，都获得了满意的疗效。父亲擅长治疗血液病的原因，既有赖于多年精研医术，还源于我的"溶血基因"。

我在父母的孩子中，排行第六，上边有三个姐姐，两个哥哥，均早夭。对此，父母亲受到很大打击。据父亲说第五个小孩是男孩，活得最长，六岁时夭折，其余四个都没活过三岁。在四五十年代，婴幼儿死亡率最高的病是天花、麻疹、猩红热等烈性传染病，但我的哥哥、姐姐们在得这些病时，父亲都给治好了。在这几个孩子中，前三个小孩死于贫血。第四个孩子是女孩，父亲请协和医院张孝骞老师诊断，疑为"ABO"溶血，限于当时条件未能挽救过来，死时仅有两岁。那时父亲的身心俱受极大的创伤，整日无语，茶饭不思，精神处于严重的抑郁状态。施今墨、张孝骞二位老师多次开导、劝解。张孝骞老师对父亲说，只要找到病因，总会有方法解决问题。

父亲在张老师的指导下，查阅了大量医学资料，根据所获资料信息以及张师指示，父母均进行了系统性的体检，最终结果表明确系双方有致新生儿溶血的致病因素。诊断明确后，父亲决心亲自探索答案。由于当时西医还没有特效药，只有在中医方面寻求治法。经与张师商讨，决定先为母亲调理身体。母亲当时因失子之痛，身体极度衰弱，头晕、身倦、发热、食少，她身高近一米七，但体重仅有九十二斤，脉证合参，属中医气血两虚，宫寒血瘀。据证父亲给予对因调治，约一年后，母亲身体逐渐恢复，体重上升到一百零五斤。时间不长，怀第五胎，怀孕前五个月服父亲给配制的蜜膏子药，定期到协和医院妇产科检查，后足月生下我的二哥。出生时小孩五斤八两（前几胎均不足五斤），孩子营养状况明显好于前四胎。生产后经医院检查，有贫血，并不重。但因母亲产后体弱，奶水不足以供养孩子，只能以喂养为主，随着小孩年龄增长，仍然逐渐显现贫血现象，最终在六岁因感冒诱发肺炎而逝。

事后，张孝骞先生安慰父亲："小孩儿虽未保住，但还是找到了病因，我建议按上次方法，你们夫妻二人同时服用中药，或许成功几率可以提高。"此时的父母精神体力都已受极度创伤，母亲几乎万念俱灰，父亲稍好于母亲。但在施老和张师的关怀指导下，他们双方同时服用专门配制的中药，坚持调治，体质渐渐改善，后来生下我。出生后，经多次检查，未发现我有溶血迹象。此时父母已四十岁，全家喜悦之情自不必说。自此后，父亲潜心研究血液病四十余年，这个一次次锥心之痛炼成的良方不断活用，治愈了很多疑难血液病患者。

[我的插话]

有一件事很奇妙——三十年后,我的老师祝谌予先生经科学研究证实有一张抗自家(身)免疫的药方,与当年父亲所创制使用的基本方只差一味药。后经我的老师深入研究,将这张方子广泛应用于不仅仅包括溶血性疾病的多种自家(身)免疫性疾病,疗效堪称满意。

1995年8月父亲与著名儿科专家刘韵远(左)讨论患白血病的儿科病例

国医薛培基

巧治老舅的肠梗阻

"文革"期间,父亲晚上经常不得不出去接受政治上的"再教育"。因为我算是反动人员子女,所以很多招生、招工机会根本轮不到我,只能老老实实地接受贫下中农的再教育——白天劳动,晚间自己看看书。父亲不"被开会"时,有人到家里看病,我就在旁边抄方,病人走后,再向父亲问一些我关心的话题。在为父亲侍诊和与父亲聊天的时候,我慢慢有了一种感觉:父亲说的话很准,对疾病和事物走向格外有预见性。

记得1970年除夕的晚上,全家吃完饺子,母亲见我一脸的兴奋,就问:"你今天怎么这么高兴啊?是不是又有什么要和我们显摆的呀?"我故作镇静地说:"没有,今天不是过年吗,我还能不高兴?"父亲在一旁说:"我倒是有一件高兴的事说给你们听。"当时还在"文革"当中,连续几年的春节家里的氛围都很压抑。我和母亲一看父亲笑得开心,自然也觉得幸福,我赶忙催父亲快说是什么事。

这时父亲转向母亲说:"今天下午兆义(我的老舅)对我说,他最近得了个不大不小的病,已经二十天了,在吃饭、喝水后就打嗝,声音很响,随着饭后饮水时间的延长,嗝声越来越小,再吃下顿饭的时候,嗝声又大了。打针输液都没见效,吃了几天中药,仍然没有好转。前天他到家里来找我,我没在家,福玉(我的名字)给他开了个小方,只有三味药,喝完第一煎嗝就不打了,买了三剂药,到今天吃完二剂了,这两天也没再打嗝,所以兆义今天下午来感谢了。福玉刚学医一年,只用了三味小药就有这么

六、治学：平生脉学是一绝

好的效果，我能不高兴吗？"

从父亲的表情上看，透着欣慰和赞赏，但好像话还没有说完。可这时我已经耐不住了——本来这事是我想向父亲显摆的，没想到父亲先给说出来了。父亲看出我好像对他的叙说不甚满意：治得这么漂亮的一个病例，说这么两句就没事了？！于是笑着问我："你当时是怎么想的？"我急忙开讲："当时我先看了老中医给老舅开的方，是旋覆代赭汤，心想方子和证候是对着的，为什么没效呢？这时老舅的一句话提醒了我——吃完东西只是打嗝，喝完水以后，不但打嗝，还会呕吐。吐的只有水，没有食物。我看了他的舌头，发现舌尖红、苔白水滑、舌面有水欲滴出的感觉，我考虑他可能胃里有水饮。您和我说过，旋覆代赭汤治呕吐应是涎沫，小半夏加茯苓呕吐是水，所以我就给他开了半夏10克，云苓30克，鲜姜5片（15克）。今天老舅说现在喝水不吐了，也想吃东西了，吃完也不嗝了，问我还用不用再吃药了。"父亲听到这儿就问我："那你是怎么说的呢？""我告诉他，可以不吃药了。"

这时父亲好像还有话要说，但又好像不太想说。还是母亲了解父亲，在旁边对我说："你爸爸本来想说什么，可能还在想怎么和你说，他担心说出来你不能接受。"父亲听了，连说："我心里的事总是瞒不了你妈。"接着就问我："你看病人舌苔时注意舌根了吗？你问病人大便了吗？你平病人脉，注意到尺脉有什么异常吗？"他一连串的发问让我的脸发热。是啊，这些我怎么都没有注意到呢？父亲从我的表情中看到了答案。然后说："你不是告诉他可以不吃药了吗？没有关系，今天下午我已和你老舅说了，既然不打嗝了，也舒服了。过节一定不要吃肉，也不要吃油炸的东西，吃一些清淡的食物。他如果今天听我的话，就问题不大；若没听话，就算吃完剩下的一剂药，明天一早他就得来家里找你，他嗝逆不但不好，还得频频呕吐，因为他的腑气不通。"

我惊讶于父亲是怎么知道的，父亲笑着说："因为下午他来家里时，我平他脉寸关沉弱，尺脉滑实，舌苔根部白厚腻还不算黄，说明虽有结滞但还未化热，并且他告诉我两天没有大便。"我听了以后，一看表都晚上十点了，本想去老舅家看看，但父亲说："算了，但愿他能听我的话吧。太晚了，别去打扰人家过年了。"

第二天一早，我们全家正吃饭，就听到外边有人敲门，我心想不会是老舅的病情有变化吧，就赶紧出去开门。有时担心什么就会来什么，来人正是我的舅妈。还未等我问，舅妈就说："赶快去看看你老舅，折腾半宿了，又打嗝又吐，还喊肚子胀得受不了。"我把舅妈让进屋里，安慰她说："您慢点说，怎么回事？"舅妈还是不能安静地说话。这时父亲说："您不用着急，我和福玉一块陪您去看看。"父亲一边说着，一边找到针包，我们一起随着舅妈来到老舅家。只见老舅正趴在床边干呕呢。偶尔吐很少量水样分泌物，没有什么食物。稍安静后，父亲让他平躺下，父亲一边平脉一边问："您没听我话吧，您吃肉了？"老舅矢口否认。我父亲笑了，说："呵呵，您的眼睛告诉我您没敢说实话。"我听到这儿，赶紧问父亲："您是怎么从眼睛看出来的？"父亲说："你老舅平时不会说谎话，今天他说话时眼神不敢和我对视。"说着，父亲看了老舅的舌头："您不但吃肉了，吃的还是凉肉。"这时立在一旁的舅妈急忙说："您神了，他昨天晚上吃饭前没有什么不舒服，吃了外甥的药，效果可好了。到晚上吃饭时，他说，'过年了，我还是要吃一点肉'，于是他就吃了好几块煮的凉猪头肉和猪蹄。夜里一点钟他就感觉肚子胀痛，接着就打嗝、呕吐。吐也吐不出来什么东西。"父亲听后，让老舅撩开衣服，只见其腹胀如鼓，用手按压，腹部很硬。父亲看后,说:"你现在已经肠梗阻了,但梗得还不太实,我先给你扎几针试试看。若能有些动静就更好,实在不行,你就得去医院做胃肠减压了,用不用做手术,就看您的造化了。"父亲掏出针包和酒精棉球,先在两脚太冲穴各扎上一针,然后示意老舅伸出舌头上卷。这时父亲已经五十五岁,平时看书写字要戴二百度的老花镜。可当时因为出来得急,没来得及带花镜。只见父亲轻轻点了舌下静脉。接着紫血顺嘴就流出来了,就听老舅说:"不恶心了。"我开始以为是他恭维父亲,也没太在意。这时父亲又把脚下扎的两针轻轻地提插了几下,老舅便连续放了几个响屁,接着说想大便,舅妈赶紧为他披上大衣去了厕所。十几分钟后老舅回了屋,说:"这下痛快多了,粪便、矢气夹杂而下,恶臭无比。"父亲示意他躺在床上,按压腹部明显松软,也不再嗝逆了……

前后不到半小时的时间,父亲四针就把危急的"肠梗阻"消除得无影无踪,让我不由得想到老舅的那句"有如神仙一把抓"的赞誉太准确了。

父亲对我的教育很少用说教的方法,比如对这次给老舅治好急病,他也只是用轻松随意的口气问我:"你今天看这病时观察到了什么?有什么要问的吗?"

我首先向父亲说出了今天早晨当舅妈来找时我的想法,我认为肯定是昨天老舅没有听父亲的话,所以今天又打嗝了。父亲听到这儿,就插话道:"你老舅今天的病状在我预料之中,原因是他嗝逆已经二十几天,两天没解大便,矢气也很少,吃了你开的中药,嗝逆虽然暂时止住了,但大便仍未通下,就说明下焦是不通的。所以我嘱咐他吃些易消化的食物,不要吃肉,是防止胃肠结滞,但你老舅没在意。所以今早你舅妈一来,我就知道一定是病情紧急了;再根据病史综合联想,我判定是梗阻无疑;咱们到了你老舅家后,他虽在呕吐,但屋中未闻到食物馊味,就说明并未有食物吐出。上边呕而不吐,中间腹胀如鼓,按之有压痛,下面矢气不畅,肠梗阻之胀、痛、呕、闭四症俱在。所以我说他肠梗阻了。"

听了这番话,我深深感觉到了与父亲眼光和判断力上的差距。接着问父亲:"那您怎么知道老舅梗得还不实呢?"父亲告诉我:"极微小屁,有似漏气,是结而未实之象。"我再追问:"那您是怎么断定他吃肉了,还是吃的凉肉?"父亲说:"他舌面正中有一块拇指大小的黑色舌苔,我仔细观察不是染苔,且苔色凝暗,所以我分析他是吃了凉肉。一般地说,肉滞舌苔即是黑色,它与热性病的黑苔不同,热病性的黑苔边缘是散漫的,肉滞的黑苔边界清晰。"父亲的几句点拨让我茅塞顿开。在此后的几十年里,我在临床中对舌诊的探索研究就是以这个病案为线索的,从而屡得巧妙之思。

〖我的插话〗

在巧治肠梗阻这一急危重症的过程中,看到父亲从针扎太冲,到舌下点刺金津玉液,不过两三分钟的时间便诸症缓解,继而痊愈,效果快得简直不可思议……

父亲告诉我:"中医治疗一些慢性病,有的时候是主张缓图的。尤其是一些慢性消耗性疾病的治疗,其目的是在治疗疾病的同时,不伤害病人的正常功能。但在治疗一些危急重症的时候,必须要争分夺秒。比如治疗急症的思想就有'走马看伤寒,回头看痘疹'的说法,张仲景的方药也被后人誉为'覆杯而愈'。所以说中医治病的效果快慢,要看是治什么类型的病,或者看医生的水平了。"

六、治学:平生脉学是一绝

化繁为简的专业自信

　　1969年夏月的一个晚上,父亲刚从批判会上回到家里。他凝重的表情让我和母亲都觉察到了他承受的极大委屈。母亲为父亲打来一盆洗脸水,我给父亲泡上一杯茶,然后母亲去柴锅取出为父亲留好的菜饭。我们一家三口谁也没有说话。

　　待父亲吃过晚饭,我已为他研好墨——每天不管多累,父亲都要回忆默写被抄走的医学资料和自己的脉案整理。今天,就在父亲拿起笔准备开始写作的时候,门外忽然有人喊:"薛先生!薛先生!(周围村里人都称呼父亲薛先生,很少直呼其名)我是从米各庄来的,救救我儿子吧!"

　　此时已是夜里十点钟了,父亲放下手中的笔,打开门一看,是一位四十来岁的男人,满头大汗,用颤抖的声音和央求的口吻对父亲说:"您就是薛先生吧?真是对不起,这么晚还来打扰您,我的小孩儿病得很重,求您救命!"

　　话虽不多,父亲知道,病家这么晚跑三十多里路来找医生,一定是病得危重,就把他让到屋里,母亲为他递上一杯水和一把蒲扇。来人自我介绍说:"我叫王仟,我的儿子鼻子流血几个月,每次一流就是几个钟头,鼻子堵住了,就从嘴里流。最近几天动不动就突然昏迷,清醒的时候也总发蔫儿。"

　　父亲闻此急问:"你们去医院做过什么检查没有?"

　　小孩父亲答道:"薛先生,不瞒您说,大医院都去遍了,西医说是'再

173

生障碍性贫血'，以激素治疗为主，血象低的时候，就输血急救。这么折腾了几次，也不见好。跟您说实话，家里生活困难，接着治，真的是再也拿不出钱来了。我们听亲戚介绍，您治这病经验多，听到消息就连夜来麻烦您了。今天见着您，我这心里就有底了！"

父亲听到这儿，十分为难地对来者说："我是医生，治病救人是我的职责，但我现在是'专政'对象，不方便看病，如果要看病，必须有双方革委会签字批准才可以。还有，我每次去给您小孩看病，都需要您去我们生产队长那里为我请假，由您代我写请假条，并证明我看病是义务的，没有收钱……"

尽管"去看病"的手续比较繁琐，但还是顺利解决了。第二天下午，生产队长告诉父亲："你今天下午去米各庄看病吧，但不要耽误晚间的学习会。"那时，每天晚上都要把"地、富、反、坏、右"分子按时集中起来学习，并检讨自己的错误言行。

米各庄离我们住的村子约三十多里，王仟骑着自行车带着我父亲。一路上，他都在讲孩子的患病情况："小孩病了近一年，开始只是鼻子流血，多是在剧烈活动后流。每次发作，用卫生棉花或纸团堵住就不流了，我和他妈没怎么重视。结果有一次感冒发烧39℃，鼻子流血两个多钟头，堵住鼻子，血就从嘴里流，孩子脸色白得吓人。我们赶紧送去县医院，到了医院一检查，告诉我们说是重症贫血，病因待查，抢救了几天，初步怀疑为'再生障碍性贫血'。我们就转到北京一个大医院，专家会诊了好几次，说就是'再生障碍性贫血'……无论如何，得请您救救我的孩子！"

这位正值壮年的北方汉子，一边说，一边哭，父亲听后，虽未见到孩子，但已经感到病势的严重程度了。

到了王家，院子里站满了人，有家人，有亲戚，有街坊。看得出来，这些人都在等待父亲的到来，来救救这位年仅十五岁的孩子。同时，也看得出这家的人缘之厚。在大伙期待的眼光和真诚的信赖氛围中，父亲被迎进屋里。一进屋，父亲就闻到一股鲜血的腥味。孩子躺在炕的中间，面色恍白，两只眼睛长得俊秀，却没有光彩。当父亲跟小孩两眼对视的一刹那，父亲已经感到小孩是病危了。

父亲示意他伸出舌头，只见小舌头淡无血色，父亲回头对家长说："这孩子血象太低了，血色素到不了4克。"在场的围观者都惊呆了，异口同声说："太神了。"

小孩的母亲告诉父亲："您看得太准了。刚从卫生院取回化验结果，血色素是3.7克。"

父亲为小孩诊脉：两寸浮数无力，关脉独旺，左大于右，两尺细数无根。父亲诊完脉后问家长："小孩几天没大便了？小便黄不黄？"小孩母亲想了一会儿，告诉父亲："三四天没大便了，小便黄得像橘子汁儿，特别臊气。"

围观者开始小声地议论起来，有的说："这个孩子有救了。"有的说："这才是真正的大夫呢，人家尽把握节骨眼儿。"

突然间，小孩儿的父亲跪倒在地，说："我的孩子就托付给您了，您就只当多了个孙子。"孩子的父母、亲戚、朋友再一次向父亲投来期待的目光。

父亲回来后说："那天的场面太感人了，我的心也和这家人融到了一起。直觉告诉我，这个孩子的病我能治好。于是，我说了一句从未说过的承诺:'你们放心吧,我能治好这孩子。'"

当母亲和我听到这句话时,不免多了一些担忧,不约而同地问:"万一治不好怎么办?您不是常和我们讲,治好一个病人需要多种条件,不只是医生单方就能实现的。如果因为家庭困难或者其他非您能把握的因素没有治好,该怎么向人家交代?"

看到我们母子俩着急的样子,父亲说:"对这个病,我心里还是有数的。再加上当时那种场面感染,作为一名医生,我说这句话的时候,是不容再给自己留任何余地的。在综合考虑病情后,医生直觉上的自信很重要——这么危重的一个病孩儿,我本来已有的一点儿把握,再因顾虑个人声誉打点折扣,那可真会影响治病的效果。当医生,必要时是要有担当精神的。"

功夫不负有心人。在近两年的治疗中,尽管多次出现临床的急诊现象,如高热持续不退、出血不止甚或突然昏迷,但是父亲每次都以精准的判断和高度的自信稳妥处理,使这个病孩儿渡过一个又一个难关,最终彻底好了起来。后来他还参了军,当上了甲种兵,今年已届六十,三口之家,其乐融融。他对父亲的感恩一时也不曾忘怀,我们之间也由此结下了几十年的深厚友谊。

[我的插话]

在我的记忆中,父亲在晚间读书、抄写的习惯从没有中断过一天。母亲曾对我说:"你父亲去修密云水库两年,紧张劳累,一般强劳力回到住

六、治学：平生脉学是一绝

处都要抓紧时间睡觉，更何况你父亲没有任何体力劳动基础，身体又那么瘦弱。工程结束回家，你父亲进门对我说的第一句话是，'我的《五诊心法要诀》完成了！'"母亲看见父亲那得意的神情和又消瘦了许多的身体，不知是喜还是忧。后来母亲得知，是父亲的神奇医术得到了民工们的拥戴，三百余名民工联名请示，让父亲每天半日劳动、半日为大家治病，获得了批准。修水库时不可能有药，父亲治病只用手中几根针，为众多的民工解除了病痛。

1990年父亲（前排中）与著名中医刘韵远（前排右二）、祝肇刚（前排左二）、薛钜夫（前排右一）等为矿工义诊

七、浮沉
最大的打击是书没了

穷不坠志 难不屈节

虽艰困亦不失南山之望

在怀疑现实和接纳命运中

修习自性的圆满

1957年"反右"时期被遣返农村时的父亲

七、浮沉：最大的打击是书没了

一句话被打成"右派"

1957年"反右"期间，因为父亲平时交往的师友，多为文化名家，是运动中打击的重点对象，其中有很多人被打成了"右派"，所以父亲也自然被划入"右派"的目标当中。但因父亲平时比较谨慎，言语不多，又加上当时自己开业，没有正式工作单位，所以运动初期并未受到冲击。

然而，经历过"反右"后期的人都知道，有一种运动叫"向党交心"。现在听起来好像一个笑话，可在那个特殊的时期，往往就是这样一次的"交心"，让许多人的命运瞬间倾覆。当时，搞运动的人找到父亲说："反右运动已经结束，'右派'分子也够数了。你不必担心，心里有什么话想向党说，都不会有什么问题的。"父亲回答说："我从心里坚决拥护共产党，是共产党让中医有了新生。除此之外，我没有什么可说的。"

后来我听父亲给我讲这一段经历的时候，觉得很好笑，于是问父亲："这是您当时的真心话吗？"父亲告诉我："当然确实就是这么想的。"搞运动的人接着问："那你有什么要向党建议的吗？"父亲说："我全心全意为党工作，党需要我做什么我就做什么。"运动者紧跟着设下一个圈套，问父亲："你既学过中医，又学过西医，你认为西医的教材是美国的好，还是苏联编得好？"父亲说："各有所长。"那些人进一步追问，哪一个更好呢？父亲说："可能美国的要好一点……"父亲怎么也没有想到，就是这一句话，让他的人生发生了戏剧性的逆转。原因是中国当时正和苏联友好，他的这句话有损中苏友好关系、具有反党、反社会主义的性质了。三天后，父亲的身份已被划成"右派"。

初被定性为"右派"的时候,父亲的心情可想而知。相当长的时间里,他不停地自我检视思想言行,自认对党和所服务的人群一向忠诚和坦诚,从未想过"破坏"什么、"反对"什么,四十年来唯一心向学、立意为良医,谁料竟因一句未带任何政治评判色彩的话而身份骤变。那一个时期,父亲落落寡欢,对未来满是"雾失楼台,月迷津渡"的迷惘。

被划为"右派"后,父亲即将被遣送农村,他的恩师陈垣先生闻讯来探望。陈先生首先安慰道:"你千万要想开了,到农村也是一样的。到了农村后,你要将自己所学好好地服务于农民,为社会主义建设多做贡献。政策也不会总这样,党还是不会冤枉好人的。另外大家都挺舍不得你走,因运动风声太紧的关系,暂时不敢一起到家里来看你。尽管这样,有几位老师和同学还是想送送你。我和施老师商量,定在礼拜天的晚上,咱们在海运仓胡同的农香园简单地吃顿饭,就算为你践行。"

父亲当时就落了泪。他紧握着老师的手没松开,也好一会儿没说出话。陈师洞察肺腑地把手轻轻放在父亲的肩膀,也是好半天没拿下来。师徒俩就这样静默着站了好一会儿。

父亲缓了缓心情,诚恳地说:"老师,您和大家讲,千万别因为我的过失再连累你们了。"陈师说:"你不用这么担心,农香园负责人是我的朋友,会保密,咱们在那儿只是正常吃顿饭,不会聊任何与运动有关的话。大伙儿一种简单的心理表示,也就算送你了。"听到这儿,父亲没有再推辞。

到了星期天的晚上,师友们如约聚到了农香园。当晚的老师有陈垣先生、施今墨先生、张孝骞先生;师兄弟分别是祝谌予、董德懋、胡荫培、乜竹溪、陈慎吾、翟济生、魏舒和、施稚墨、鲍介鳞;还有好朋友胡爽庵、刘金涛、李恒吾、李佩生、田善之,大家也是自运动开始以来便久未谋面,因

七、浮沉：最大的打击是书没了

此那一晚算是人最齐的一次。据父亲讲，那晚开始时，因为到场的有几位已经划成了"右派"，也有人是"右派"嫌疑。所以众人相见，一时百感交集，话题不知从何说起。就在这时，还是陈垣老师的一句话打破了沉闷："我们大家以后在新的工作中好好学习党的政策，努力为社会主义多做贡献，把我们平生所学的知识，全部投入新中国建设当中去，大家可以畅提一下。"

有了这样一个开场，虽然现在听起来好像颇有些形式化，但若把语境还原到那个非常时期，又是在那样一种公众场合，陈先生这句话应该说是极具智慧的。大家心领神会，纷纷打开了话匣子——将离开北京的人说："我要去哪哪儿了，欢迎大家到我那里去……"继续留在北京的人说："你们到了新的地方，有什么需要我们做的就来信，我们一定会尽力的……"那一天晚上，大家基本上没怎么吃饭，似乎此次别过，明日即天涯。于是在那个小小的满溢着人间挚情的空间里，大家一次次发自肺腑地互相安慰、互相鼓励，一遍遍不舍地互相拥抱。

[我的插话]

时隔二十九年后，1986年8月17日，北京杏园金方国医医院初创（当时称中西医专家门诊部）成立会之际，老同学们终于再次相聚，只是当年意气风发的青衿朝士，均已成为硕果仅存的皓首老者。老师们均已作古，还有些同学和朋友因不堪连续运动的冲击，含冤故去。父亲说，这一天的心情让他再次回到当年送别的那一晚，世事蹉跎，悲欣交集，未来的一切都充满未知。当年祝谌予老师代表师门同学的临别赠言和董德懋师伯所说的"来日方长，我们将来一定还会再聚首，到了那个时候，我们会高高兴兴的，将会是另外一种场面……"旧年回声，此时依然铮铮在耳。

国医薛培基

1987年8月17日"顺义中西医专家门诊部成立一周年"学术讨论会时合影。会上祝谌予、李介鸣、刘渡舟分别讲述自己治疗心脏病的经验。第一行左起：刘久山、薛培基、祝谌予、李介鸣、萧承悰、刘渡舟；第二行左起李链、李晓林、王沛、祝肇刚、刘莉、陈薇薇、王驰、薛钜夫、阮金玉

1987年父亲（右）与阮金玉（左）在中西医专家门诊部

1990年父亲（左）与著名中医刘渡舟（右）在顺义国医医院旧址留影

七、浮沉：最大的打击是书没了

衙门村的后四十年

朱壶山先生对父亲的影响是很大的。父亲一生喜读书，其中有六部医书终生研读不辍，分别是《伤寒论》《神农本草经》《脉经》《傅青主女科》《张氏医通》《血证论》，六部书中的四部是朱先生明示父亲要终生奉读的。另外两本是必读的辅助读物——《神农本草经》与《脉经》。先生也强调说："读仲景书，主辅相成，若能三者合一，仲景诣，显矣。"《血证论》亦是朱师为父亲讲授过的典籍之一。之所以列入父亲终生喜读之书，一是朱师影响之深，二是与父亲后半生致力研究的血液病有关。

不仅在读书、看病方面，父亲在生活中自然平和的心态亦得益于朱壶山先生教诲。人生中的事，有时是一种难以预料的奇妙存在。

1945年春天的一个傍晚，父亲去看望朱先生。闲谈中他问："老师，您对晚年生活有什么向往？"朱先生略微沉思了一会儿说："我晚年的生活已经在早年享受过了。年轻时，我曾在离县城约五六里路的一个村子，过了几年半如乡间半如城的神仙日子。那时房子周围有半亩地，种些药材，庭院紧邻桐柏山，我在那儿读书看病，颇得快意。后因我的一个亲戚参与政事株连于我，不得已来到北平。有幸得遇施今墨先生，邀我合作，办院授徒，亦觉乐事……"朱先生言及此处，忽然来了兴致。他让父亲为他铺纸研墨，随手录写一首其早年的诗作："绕郭青山背郭田，鹤书贝叶两无缘。人生各自有清福，春瓮床头四十年。"然后题写书赠与父亲。

父亲自然是喜出望外，施礼收下。谁也没有想到，十二年后，在完全不同的境遇下，这首诗竟然成为父亲人生后四十年的谶语。

在那时被打为"右派"的人，多数被下放基层劳动改造。我的外祖父家在北京顺义，我们全家于是就被遣送到离顺义县城五里地的一个村子——衙门村。

从"反右"开始直到去世，一生未有涉政之心的父亲，却被政治运动连累了后半生。前后四十多年的时间，他再也没能离开顺义。

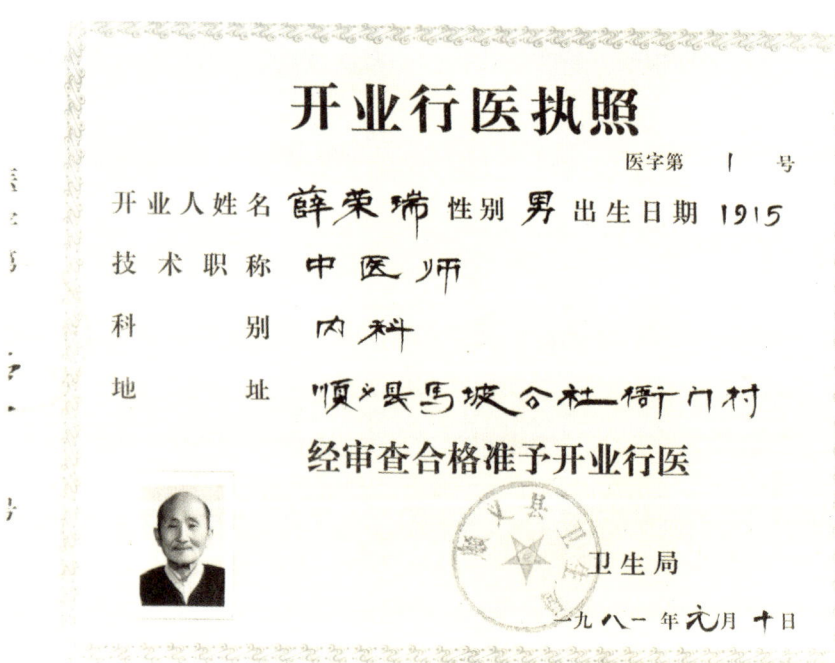

1981年改革开放后，首批北京地区个体开业行医执照。父亲薛培基因有正规院校的学历，而在首批申请者中获得医字第1号的执照。

七、浮沉：最大的打击是书没了

心随境转的"讲究"和"简便"

父亲常说，我们大夫在人群中是极平常的人，平常人就要做平常事。我们医生的平常事就是任何时候都说病人能听懂的话、开病人能吃得起的药，如此而已。这些话在父亲被遣送到农村、自己也成为农民后，在医事中体现得愈发突出。特别是在一生用药风格的转变上，与他的身份转换默契随行——前之"讲究"，后之"简便"，虽落差巨大，但其宗旨不过是因事因人的"平常心"而已。

父亲青中年时期，常打交道的患者群以文化界、商界的中老年人为主。这些人属于当时上层社会的成功人士，他们的求医需要，往往保健多于治病。尤其在旧时的文化界上层人士中，"文人通医"被引为一时风尚。他们不仅研读中医经典书籍，还大多结交医生朋友，经常组织雅集，一起讨论如何自我保健的话题。加之他们在经济方面比较富足，所以在给这些文人看病开处方时，会有很多讲究。

首先是脉案（现在称病情纪要）的文法上既要医理述说清楚明确，还要将中医理法方药的思维过程一气贯通，尤其是对方中药物的产地、药用部位、炮制方法、煎服方法都会有极为特别的要求。比如"四大怀药"即怀山药、怀地黄、怀菊花、怀牛膝，这四味药一定要河南怀庆府（现焦作一带）所产；当归一定要用甘肃产的何首归；白术要用浙江产的于白术等等。对药材产地的要求，也就是人们常说的"地道药材"。所谓地道药材体现的是中药品质的上乘，药物所含有效成分丰富而稳定，口感味道也有别于其他。还有是对药用部位的选用，单说当归，在处方上就会有若干的不同用法：治头面病时，要用当归头；用于养血补血时要用当归身；用于活血化瘀时要用当归尾；用于调养保健时要用全当归。再有就是同样一种药，其制作方法、过程不同，药物的有效成分、通过煎煮出来的含量也有区别。比如一味白术，用于健脾开胃时要用小麦麸子炒；用于健脾燥湿时要用土炒；加强脾脏统血功能（例如现代医学增加血小板聚集能力）时要把白术炒成炭；用于润肠通便时要用生白术等等。还有如煎服方法，同一方中的药物就有先煎、后下、溶化、冲服、布包等诸多的区别。以上种种，都是为了提高疗效，减少对人体的副作用，甚或有对患者口味上的考虑。不同的产地、部位、炮制方法、煎服方法都会影响药物价格，所以同样一张处方，其要求不同，自然费用也就有所区别了。

不仅如此，父亲当时的患者群中有一些人素无他病，只因他们知道父亲深厚的药物学研究功底（早年在育和堂工作八年，华北国医学院毕业后，又留校教授《分类实用药物学》，对参茸等名贵药材性状鉴别与临床应用都有极为深入的研究）而时常邀请父亲共论医药。这些人大多为清室皇族的遗老遗少，其中有十几个人是"吃参族"，他们会根据季节、身体状况选用各类的野山参、西洋参、山西产的台党参等补品。他们手里只要得了上等纯山参，便会邀父亲和一位药行挚友田善之先生共同赏鉴，再由父亲为他们开出适宜体质的滋补处方，诸如膏滋药，各类丸、散等配方，供他们日常享用。由于父亲的患者群在用药上的诸多特殊要求，所以凡是父亲开的处方，都要到固定的三家药店去配药，分别是千芝堂、南庆仁堂和同济堂。受当时患者群身份构成的影响，自然形成了父亲早年雍容大度的行医用药风格。

七、浮沉：最大的打击是书没了

但自从1957年父亲被遣送顺义农村后，情况发生了转变——我在前边也讲过，当时农村经济还比较落后，并且缺医少药状况非常严重。因为经济落后、卫生条件差，有病不能及时就医，以致因病致贫，因贫致病、致残、致死的情况非常多见。常诊治的病种也从慢性病、消耗性疾病转为农村多见的急性病、传染病和疑难病，甚至内、外、妇、儿、皮科等全科性疾病均要收治。

父亲是一个生活上随遇而安的人，专业上因地制宜，是乐观应对的智者。面对境况上的落差，他反倒感恩地对我和母亲说："假若没有下放劳动改造的话，我是绝不会有诊治这些急难重病的机会。对于医生来说，这是挑战，又是难得的幸运。比如，我的'即刻三降一止'就是从大量的急重患者中体验出来的（三降，即在15分钟内达到降血压、降体温、降血糖；一止，即在五分钟内止疼痛的针法）。"

当时农村缺医少药，即使能到县城买到药品，也常常是医生开了处方，结果到了药店以后，因为钱不够，医生给开的三剂药，只能买一剂。不得已，有很多时候，因为经济原因，患者病情刚有暂时的缓解，就不得不放弃治疗了。

面对这种常见的不幸，父亲从另一个角度解读，并积极想办法避免不幸的发生。他说："农村也有城里所不具备的条件：农村土地的污染少，当地有上百种药材可供应用。只要有心勘察，四季都有鲜药可用。例如春天的茵陈、柳芽、败酱草；夏天的马齿苋、大小蓟、鲜荷叶；秋天的卧蛋草、鲜薄荷、白茅根、野菊花；冬天的冬桑叶、芦苇根、嫩桑枝……还有家家都烧柴火做饭，柴锅的烟灰，中药称之为百草霜。用箩筛过后，置碗中，倒上高度白酒点燃，即成糊状。然后加入红糖、姜片，用开水一冲，服药即刻就利小便、止吐泻、退高热。"就是这些大自然赐予的可以就地取材的"免费药",让父亲从"讲究"的殿堂潜心于贴近民间疾苦的"另一种讲究",找到了控制当时乡间动辄殃及大面积人群的烈性、急症传染性疾病的特效办法,其效之迅捷不亚于打针输液,又最大限度地避免了副作用。

那时初入医海的我惊讶于父亲是怎样突破自己的医路,处方从原来的雍容大度、用药精细,转变成后来简之又简,药量轻之又轻,却仍然效果近乎神奇的。因为父亲既已在四十岁之前形成了自己的行医特色,那时所处之方,不仅对药物诸多讲究,且每张方子都有十六七味药,甚至有二十几味药。可是后来的方子通常只有三至九味药,不仅药味少,除了少数的一二味用药量大一点以外,大部分药物只有三至十克之间的轻量。病人却反映吃了他的药,不仅效果快、价钱便宜,而且吃到胃里特别舒服!

对于我的惊讶求问,父亲是这样说的:"做一个好医生,时刻记住,在给病人治病时,病人是主体。既然病人是主体,首先就要考虑病人的需求是什么,而不是医生喜欢用什么。也就是说,不能将医生自己的喜恶强加于病人,让病人去适应医生。关于这一点,施今墨老师曾告诉我,'医生不应以个人的好恶而形成某一学术成见,有是证,用时药。更不可拘于成规,一切全看病人需要与否'。战国时的先贤扁鹊亦有'术随时尚'的佳话,他每到一个新的地方,就会根据病人需求而改变自己的医路。例如,某一地方有尊老的风尚,十分重视老年人的健康,扁鹊就研究老年病;到了另外一个地方,妇女病多,他就探究妇科病的治疗方法。总之,这是为医者必须具备的修为。"

我听了父亲的话,大的道理是明白了,但他又是怎样一步步地形成现在的方简量轻风格的呢?父亲说:"这还要从我刚来农村一次偶然的经历说

七、浮沉：最大的打击是书没了

起。一天你姥姥到咱家里来，晚饭是她给做的。当时正好是农历十一月初，天气很冷。我那天受了点风寒，身体有点发烧，体温38℃，浑身酸痛。于是我就给自己扎了三针，穴位是合谷、外关、足三里，针后轻松了很多，体温也降到37.5℃。晚上你姥姥问我想吃点什么，我说您就做一碗热汤面就可以了，我现在一点胃口都没有。一会你姥姥就把一碗酸菜热汤面给我端上来了。说心里话，我一点食欲都没有，但看你姥姥那慈祥的眼神，能感觉到她很期待我把汤面尽快吃下。于是我勉强地先喝了几口汤，没想到这汤特别合口，一下胃口就开了，几分钟的时间我就把这碗面吃下去了，在喝汤的同时浑身浸出了微汗。要是在平时，这碗面我就饱了。可那天从心里还想再吃一点，觉着从来都没喝过这么可口的汤。于是我又盛了一点汤和酸菜，没有盛面。喝完休息了一会，我就去睡了。第二天醒来时，你妈告诉我：'你今天这一宿睡得太香了。'是啊！不仅睡得好，怎么也没料到，我的感冒症状一点也没有了，一量体温36.3℃。不但感冒好了，自觉比往常身体还轻快。于是我起床后问你姥姥：'您昨天做的汤里都放什么了？太好吃了，并且我今天的感冒也好了。'你姥姥笑了，说：'您别笑话我了（姥姥和父亲说话，总是以您字称，可能旧时岳父母对女婿都这样称呼），就是一碗素得不能再素的酸菜汤，里面放点豆豉、鲜姜，加了一点盐和浮香油，就没有其他的了……'"

姥姥的话虽然很简单，但却引起了父亲的重视和思考。父亲在那一刻想到：一碗酸菜汤如此之快地治愈了自己的感冒，如果开方吃药，应该开麻黄汤。可那时村里没有中药，如果非得买药就需要到五里之外的顺义县城。当时又是晚上，人家药店也关门了。即使喝了麻黄汤，也不一定比这碗酸菜汤效果快和舒服……据父亲说，这一方法他后来屡试屡效，所以这件事让他明白,老百姓未见得就不是"育人的先生、治病的大夫"。

[我的插话]

我曾整理父亲的常用小方近百首,这些看似平常无奇的普通小药,在父亲手中总会焕发异彩。例如,秦艽黄柏各 30 克煎汤外洗,治疗冻伤;在炸过七星蜘蛛的香油中加青黛、贯众粉调敷,配以生三七粉 2 钱,瘦猪肉 2 两切成薄片。将生三七粉撒匀于猪肉片上,放置盘中,蒸熟后一次服完,一日一次食疗(施今墨验方),治疗急性乳腺炎;治疗带状疱疹用雄黄 3 克,地龙粪 30 克,醋调涂患处;用川军、赤芍打粉,香油调敷,内服橘核、荔枝核、土茯苓治疗急性睾丸炎;用生艾叶 30 克、香附 30 克,煮水泡足治疗痛经等等,只要辨证准确,均有迅捷的效果。

此外,父亲还善于运用针灸治病,能用针的就不用药,或者针药并用。如针上星、太冲治疗鼻衄血,配上川军、白芨、白茅根。又如针委中、尺泽放血治疗急性胃肠炎,配百草霜冲服,均能随手而愈。在五六十年代的农村,父亲曾有为急性中风患者采用手足四穴点刺法,夺回了生命、恢复了正常生活的大量精彩病例。

七、浮沉：最大的打击是书没了

最大的打击是书没了

如果说只因一句话就蒙受莫须有之罪而被下放农村只算轻伤的话，那么对于一向自敬敬人的父亲来说，政治运动中那些突如其来的暴行才是真正的精神摧残和命运重创。如果在农村的生活皆如父亲乐观的心愿，在劳动之余能够用所学为老百姓解除病痛，那么"右派"这顶帽子根本不能压垮心性达观的他。然而——

1968年夏天的一个晚上，已经九点多钟了，我们全家才吃上晚饭。突然从外边闯进几个红卫兵，其中一个高个子冲我父亲喊话："我们奉革委会指示，来查收你家的反革命资料！"这时候父亲的倔脾气也上来了："我是个医生，只有治病救人的医书！"

我们家确实就是以医书为主，没有政治类书籍。但中医书中还是有一些东方"大文化"内容，类似有一些会引用佛学语言诠释某医学观点。尽管父亲并不学佛，但是书中这类字眼当时也是犯大忌讳的。当父亲问他们来搜什么的时候，那个高个子气势汹汹地说："来你们家搜黑书！"我父亲一听要抄书，当时就真的急了。因为他最爱的就是书，只要说到书，他就做不到保持平静了，因此本能地想护住自己书架和书桌上的"宝贝"。但是那些红卫兵年轻气盛，哪管这些，推开父亲，窜进屋子里边就是一气乱翻，有用的没用的，父亲越是护着，他们愈发连抄带撕，几乎全给弄走了。

对父亲来说，他一生中遭受过两次重大的打击。尽管被划成"右派"如此突然又如此冤枉，直至一棍子把他打到农村来，他都没有像这次心爱的书被抄走带给他的打击大（还有一次大的打击就是父母因子女连续夭折，曾出现过抑郁性病症，近于精神上的失常。但是不像一般精神疾病的人那么明显，未影响他看病）。那为什么呢？因为不仅是书，还有很多他亲手抄写的资料，那些资料应该说是不可能再有了。比如当时他在华北国医学院读书的时候，写的一些读书笔记，还有一些绝版的书，是他从别人处求告借来后，多少个夜晚潜心灯下，一笔一笔细细抄录的。

因此，"文革"时期对父亲来说，给他带来最沉重创痛的并非身份与生活境况的急难，而是一夕之间永远地失去了那些他日夜苦读并抄写的医书和文献。据父亲后来讲，这次被抄走的很多医书连国家图书馆都没有。我那时年龄尚小因此还不能体会这种焚心之痛。只记得那一夜，我们全家都没有睡，父亲整夜只重复着这句话——这是我五十年的心血啊！这是我的命！不管我和母亲怎么安慰他，他一夜当中都在喊这一句话，没有眼泪，却直到天明也没合下眼。当时我妈就担心了，哭着对我说："你爸可能要犯病……"

［我的插话］

在我一生的印象中，素来爱书成痴的父亲这次遭受的打击是最大的。他一天天消瘦下去，变得寡言少语很难展颜。而且，从此他每天都要被拉出去接受批判、接受改造，每天很晚回来还不得不写很多违心的检查。那时我们全家包括我奶奶都不知怎么安慰他，更想不出还有什么事情能让父亲再高兴起来。

七、浮沉：最大的打击是书没了

1967年，深受"文革"之苦的父亲

八、良人
不抱怨的人生

明亮却不刺眼的光芒

润物无声的厚朴

当我被世事烦扰的时候

他一次次帮我找到内在的安宁、独立和喜悦

国医薛培基

不抱怨的人生

　　人生起落，命运顺逆，功过得失，这些无常之变对一个普通人来说，能够做到等闲视之的确不容易。父亲经常跟我说，一辈子做一件或几件平和的事不难，但做到事事都平和就难了；身处顺境时平和容易，在逆境里也能心态平和就不容易了。

　　"文革"期间，父亲在外边无论受了多大委屈，回家时脸上都看不出任何不悦——他怕母亲着急。母亲有时体贴地说："你有什么不痛快，冲我发点儿脾气没关系。"但父亲总会说一句话："怎么能迁怒于你？你都不埋怨我给你和孩子带来那么多苦恼，谢你还来不及呢！"

　　当时我们全家都特别地担心父亲，怕他被遣送到农村去的时候想不开。因为那些年在城里的时候，每天他身边围着、拥着不知多少人，环境优渥自在。自遭逢变故之后，一切都不一样了，而且还要天天挨批斗、受教育、写检查。当时母亲就跟我说："我什么都不担心，就怕你爸爸想不开，或者说去寻短见，或者他把自己给憋病了。"可父亲说："你们别的都可以担心，就是不用担心我身体出毛病或者我心里想窄了。"

　　记得有一件事发生在 1968 年，那时父亲除了白天的正常劳动，每天很早还得出去扫大街。扫街时，背上还必须贴块白布，上面写着四个黑色刺眼的大字——右派分子。那时像我这样的"地富反坏右"之中的右派子女，家庭出身不好，到了学校也不让入红卫兵，所以同学们跟我自然就有距离。有一天我刚一上学，就看到前面有三四个同学正一起说着什么。等我一走过去，他们回头看看我就都散了。我知道他们说的话肯定跟我有关系，当时我才十二三岁，受运动影响产生的"并发症"就是很容易担惊受怕，所以见此情形不知发生了什么，心里很恐慌。好不容易捱到放学，我就问平时与我特别要好的同学，到底是怎么回事。这个同学告诉我："他们在说你爸爸是'右派'，所以天天得扫大街……"这其实是件很常见的事，却让当时那个年纪的我难以承受——因为同学们觉得我爸不是好人，所以感觉自己低人很多。

但是说实话，我从没有感觉父亲不是好人。晚上等到父亲回了家，我就说："爸，跟您商量一个事，明天您再去扫大街，我跟您去扫，您早点起，在别人都没有起床的时候，黑着天咱爷俩就去，等大家都出来的时候，我们就扫完了。"父亲问我为什么，我没吭声。后来我妈在旁边搭话了："甭问了，孩子肯定在学校受委屈了……"

当时父亲就明白了，把我拉到身边，语气和缓地说："劳动是光荣的，我把街上扫干净了，大家都在街上走，这是在做光荣的事，为什么怕人家看见呢？我也并不是想做一件事让看见的人表扬，大家不表扬就不表扬，愿意批评就批评。也许有人认为爸爸过去做过很多和社会主义相违背的事，但是我确实没有！我真诚地接受改造，也很愿意为人们多做点好事，你要觉得影响特别不好，我明天早点儿起就行了。你不能去，你是学生，不能影响了你……"

从那天开始，寒来暑往，父亲每天出门的时间又提早了一个多小时……多年以后的梦里，我看见父亲还是那身黑色粗布棉衣，腋下半夹半拖着一把大竹扫帚出门，背影渐渐融入寒星闪闪的夜色里。

[我的插话]

　　回忆起来，父亲一生之中淡泊面对遭际的故事有很多。因为当时他的朋友都是一些文化名流，是打成"右派"的重点人群，所以也就容易被牵连。据父亲讲，他被打成"右派"，纯粹是为了凑名额，才把他给划进去了。但是，在历次的政治运动中，在他人生的后四十年，他却从来没有抱怨过——哪怕回到家说一句"今儿我又受委屈了"的时候都没有。

　　那些年，作为"反动家长子女"，我在求学、招工、就业上受到了一些"特别待遇"。每当我为此想不通的时候，父亲总是这样宽慰和启发我："孩子，别让眼前的不如意绊住自己。没关系，事情总有水落石出的时候，这是规律，天、地、人都在规律里……"父亲的心态涵养着自己，也引领着我，让心始终在处境之上，不沉沦，不沮丧。

八、良人：不抱怨的人生

父亲说，众生皆有慧性

父亲的眼里没有傻人，甚至某个人真的在智力方面略有低下，他也会找到这个人的长处，从不评判谁精谁傻。这种慧眼独具的待人态度，让他对身边的每一个生命都充满由衷的敬惜。

父亲对他人，不管年龄比自己大还是小，尤其是女士，说话时都会用"您"称谓。他经常讲，每个人的精神世界都自有其美好的一面，即使是智力低下的人也不例外，不能以自己的思维角度去揣度别人。在我们家里，基本上每一次聊天时，父亲说得最多的总是别人的长处。尤其是到了我母亲年龄比较大的时候，难免偶尔对家里其他人或者街坊邻居有些看法，发些牢骚，父亲此时总会用积极客观的态度和言语劝慰母亲。

我们街坊有一个小男孩，叫马子（化名）。他小的时候患脑膜炎留下了后遗症，说话不是特别利落，智力上也比同龄的小孩低得多。在三年自然灾害期间，大家都到集体食堂去吃饭，那时候家家都没有米面，人人都吃不饱。有一次我在街上走，碰巧看见马子从地上捡了一根咸菜，放在嘴里就嚼。即便在那个极度困难的年代，正常人也不会从地上捡起一根咸菜直接就放到嘴里，至少会把这根咸菜带回家洗洗或是擦擦再吃。

我回到家以后，随口当好笑儿的事跟父母说："今天马子在地上捡了一根咸菜，旁边还有牛粪呢！他捡起来放嘴里就吃了，那家伙真傻！"父亲听后特别不高兴，用我从没有听过的严厉口气说："我告诉你这是最后一次，以后你再不许说谁傻！你说马子傻，我告诉你，这孩子一点儿也不傻。

就因为我经常给他家里人看病，也不收钱，他就知道感谢我——他心里灵着呢！谁家粮食都不够吃，可有一次马子手里拿着半个菜团子，一小块白薯，在食堂门口等着我，说：'爷爷您吃不饱，这个给您吃吧……'谁也舍不得拿这些东西给别人，你说他傻吗？他知道感恩！"

见我一下子愣在那里，父亲换了和缓的语气接着说："你妈妈也知道，马子给吃的不是做样子，给你不要还不成。你必须得接受，你不接受他就不干……当我从这孩子手里接过半个菜团子和白薯的时候，心里真不是滋味儿……"

的确，因为父亲被遣送到农村去以后，许多农活并不擅长，往往起早摸黑受很多累，可成效却比真正的农民差很多。别看马子的智力水平比正常人要低一些，但是他长得个子很大，身体很壮，当别人都跟"右派分子"划清界限的时候，马子却跟待他像自己孩子的我父亲格外亲近。当父亲在农田里劳动的时候，他经常自然而然地跑过去帮忙。这件事对我的教育格外深刻，后来无论遇到真正的智障者还是其他有某种缺陷的人，我再也没有说过谁傻或者在心里歧视过对方。

[我的插话]

父亲一生没有明确的宗教信仰，但我觉得，老人家这辈子最大的信仰是"爱"。爱人如己，爱己及人，对人没有分别心。即便是说起那些在历史的浩劫中污蔑他、羞辱他和打击过他的人，父亲也都予以宽谅。要么说那些人"年轻难免冲动，不怪他们……"；要么说"那会儿就那个形势，运动者也没办法……"我想，历经不公而依然与历史修好，与命运言和，这是一种超越宗教的人间慈怀吧。

八、良人：不抱怨的人生

抄书十二载，记忆力惊人

到1969年年底的时候，父亲的精神稍微好些了，他就开始凭自己的记忆来抄写那些被运动分子抄走的书籍。每晚回家都要写，一天也不中断。他怕再写出来的书又被抄走，所以每当抄写完一段，就会在书页中抄一段毛主席语录。现在我们家里还保存着因夹杂了"毛主席的伟大号召、为人民服务"等口号而幸存的手抄本。

父亲这一写就是十二年，从未停歇过。每次抄写前，他总要把干了一天活儿的双手仔细洗干净才铺平本子——他是体面的、平和的，舒畅地享受着当下的。那些年，我经常已经睡醒了一觉，蒙眬中看到父亲仍然埋首桌前，而母亲通常是坐在炕边不出声地做着针线活儿。窄窄的破旧的家里，在那样的许多个夜晚，仿佛散发出一种庄严的静气。屋外的风雨进不来，父亲的内伤被疗愈——他曾说那些被抄走的书是他的命，那么，在这十二年的每一个默写之夜，都是他找回生命的过程。

到了文革结束后，我家被抄走的东西只归还了很少一部分，另外的大部分都不知去向了。当我把还回来的书籍与父亲凭记忆所抄写的对比后，真的是太惊讶了！因为很多他默写默抄的文字，与被抄走的书籍连标点都不差！可见父亲年轻时所下功夫之扎实、学习研读之精深——父亲的这种功力简直惊人！

这些书籍全部是用墨笔抄写，总计几十万字的庞大体量，我真的不敢相信父亲怎么会有这么好的记忆力。有一本书叫《伤寒论通注》，是当年他拜朱壶山先生为师时，朱先生为他讲授过的书。父亲默写出来的这一本书与原书几乎一模一样,唯一不同的是里面多了很多毛主席语录。

如果不是亲眼所见,我真的不敢相信这是真的。在那样的逆境里,还能够静心做这样的事,做得质量如此之高,让我佩服的不仅是父亲的记忆力,更有他令我折服的锲而不舍的境界。后来我问父亲:"您怎么有这样好的记忆力,是天生的吗?"父亲给我的回答很简单:"这些都是老师们对我无私的恩惠,和我个人的一点勤奋而已。"

父亲认为,记忆有三种,一种是背诵记忆——就靠背。一旦背熟了,尤其是年轻时背诵过的东西,到老了也忘不了;还有一个叫应用记忆,是说在应用过程当中产生的记忆,然后再写笔记写札记什么的;再有一个就是对喜欢的书籍、喜欢的文章就反复地抄写它,在抄写过程中,实际上不刻意背也就记下来了,再加上重复应用,自然就产生"永不消失的记忆"了。当然出色的记忆能力是一种天赋,是父母给的,但是如果后天不勤于应用,这种上天的恩赐也会很快被浪费掉。

[我的插话]

"文革"期间,父亲的诊事受到限制,但在田间劳动每到休息时间,一些贫下中农就会请生产队长批准,允许父亲为他们诊病。

那时候看病特别有意思,比方说邻村某一个人找父亲看病,他们的大队革委会就得写一封介绍信,内容是:今有我村社员某某,须去衙门村请薛培基给诊病。然后病家拿着这封介绍信,还要到我们所在的大队找治保主任,得到治保主任的允许,就是说"允许薛培基给某某看病"才行。父亲一直保

八、良人：不抱怨的人生

1968年，在书和文物被抄走后，身心受到重创，经过一年的调整，父亲的脸上逐渐露出了笑容

存着各级革委会的介绍信，后来被我母亲给烧了，为此二老还吵了一架。

因为在田间记录脉案不方便，只能让病人晚间去家里取药方。因此父亲每天晚上一回家就马上把当天所诊患者的处方写好，再等人来取——他完全凭记忆为白天看过的病人书写处方，对他们每人的姓名、年龄、症状、舌脉等记录得格外清晰准确，有如病人正在当面叙述一样。我当时很担心父亲记错会引来什么大祸，为此，每个人来取方时我都会跟他们核对，每次都准确无误，甚或有些病人没有主述症状，处方上所写的是父亲通过脉证分析出来的表现，跟病人核对时也是那么吻合。有时一天最多二三十个人来求父亲诊病，连续十数年，父亲竟未出现一次错记。

国医薛培基

一生读书笔记上千册

父亲一生爱书如命,最喜读书,读书时既不会囫囵吞枣,更不会死记硬背。他读书有个习惯,就是读书必动笔。在抄写过程中,一有灵感、体会,就及时写在笔记本上。父亲认为,有些灵感稍纵即逝,必须及时捕捉。这种方法日后应用多有效验,并且还可避免在书上乱画,保持书的洁净和神圣——父亲一辈子保有着对笔墨字纸的敬虔心。一直到今天,父亲上大学时用的教材仍保存完好。

父亲读书还有个习惯,在读一本新书前,他总会事先准备一些纸条、一支笔和一个本子。当读到书中自己喜欢的内容时,他都会马上写一纸条夹在书页中,同时在笔记本中列一索引条目。当一本读完后,按索引条目类编,抄在另一个本子上。

父亲把自己的书做了许多分类,如终生读书、精读书、通读书、阅读书、工具书、泛读书、休闲书等,并备有一本自己所读过书的内容提要。父亲一生读书有笔记达千余册,其中涉及终生读书的十五部,精读书(急用先学类)十部,这两类书的重要内容他都可以默写,其余书均有类编笔记。对《伤寒论》《金匮要略》《神农本草经》《傅青主女科》《血证论》这五部书可以全本默写。对《张氏医通》一书有读书笔记六十三本。父亲告诉我:"这要感谢在辅仁大学读书时,陈垣先生对我学习方法和习惯的培养,才锻炼了我记忆的能力。"

父亲一生读书、抄书、体会书的习惯从未中断,哪怕在史无前例的政治运动中,依然保持着每天一小时以上的读书时间。父亲抄写最多的是张

八、良人：不抱怨的人生

仲景、傅青主的书籍。然而令人痛惜的是，家中曾有中医经典的上百部手抄书卷，"文革"期间均被抄走焚烧，现仅存一部《傅青主女科》手抄本。

[我的插话]

父亲抄书多用小楷，其一生以楷书最见功力，且笔风浑然多变。他认为，"不重复自己，融贯古人出于自然；人生随阶段而变化，字由心意而生，所以应随变化而变化。"父亲的临证处方亦是精进多变，很少重复。我后来体会到，父亲之所以如此，是其一生勤于读书，不断学习、不断有新的收获，所以才可能做到不断自我更新，运化自如。父亲常对我说，社会在不停地进步，人生活在社会中，社会与自然均在变化之中，疾病的发生发展亦如此。但万变皆有规律，因此变化不等于漫无边际，要万变不离其宗，这就是古人说的"智欲圆，行欲方"。

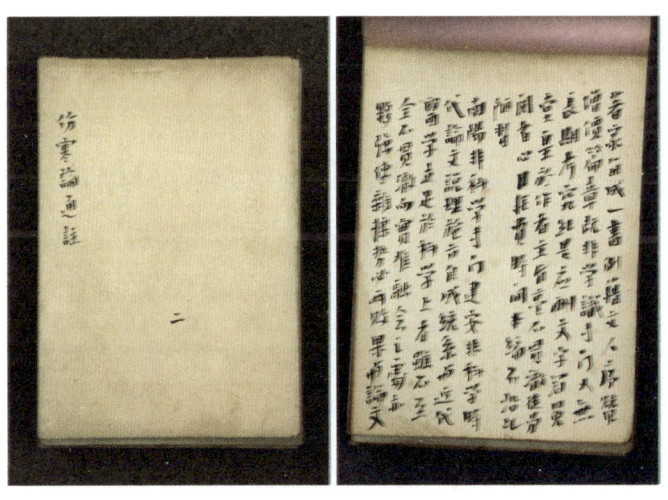

父亲在"文革"时期默写被抄走的《伤寒论通注》手稿（封面、内页）

国医薛培基

求知所得，如药如粮

母亲曾给我讲过这样一个故事——同村住的一位秦先生，年轻时在宫里为太医们做饭。由于厨艺高超且为人厚道，深得太医们嘉许。这些学养深厚的老先生们常在吃饭时讨论病案，本来不懂医的秦先生耳濡目染也渐渐对中医产生了浓厚兴趣。加之他聪颖过人，又十分好学，在这种独特的环境熏陶下，秦先生就把平时太医们讲的全记了下来，又在他们的推荐下读了大量医书。当时他只是年轻好奇，哪料到后来还能看病。

清朝灭亡，这个秦先生流落到民间。孑然一身的他浪迹天涯，以讨饭为生。后来，在我们村子里一间荒置多年的破草房里落下脚。当时村里人称秦先生是"杆上的"（相当于丐帮帮主，即要饭的头领），经常有一些讨饭人来先生处聚会。旧时农村缺医少药，秦先生见贫苦人家患病无钱延医，就主动用一些小方小药为其治病。由于效果好，很快名声就传开了，每日找上门来的病人越来越多。日久天长，方小药简就成了老先生自己的风格，从御医以调养为主的用药习惯，到后来为穷苦百姓治疗急病、怪病、重病，这一转变屡屡取得惊人的效果——也是秦先生深厚功底和聪颖天资的自然流露。秦先生为人诊病从不收费，所用药物多是乡间自采，乡亲们看好病，常送一些吃的来致谢，先生自己吃不了，就送给那些讨饭的吃。大家有吃的了，就会去山里、田间帮先生采草药。

后来，有一富户的小孩患天花，请秦先生医治后救了一条命，并且脸上没有留下痕迹（旧时天花死亡率很高，即使能治好面部也会留下麻坑）。

八、良人：不抱怨的人生

这家人为答谢他，就请先生住进了自家场院的两间闲房。秦先生尽管不用再去讨饭了，但有时还会去外村看那些年老病弱的讨饭人——给他们送吃的或为他们医病。

1958年夏日的一天，父亲从地里劳动回来，看见先生门口围着十几个人，个个无精打采，有的弯着腰来回踱步，从其痛苦的表情可以看出是一些发热性胃肠病患者正等着医治。此时也有人正从屋里出来，却是一副喜笑面容。父亲觉得很惊讶——是什么妙招让病人立竿见影地改善了病情呢？

父亲干了半天活儿，本来已经很疲惫了，但是见此情景，好奇心还是驱使他走进门去一探究竟——只见一位病人站在屋里，秦先生正用热毛巾擦去病人委中穴位处的污渍，另用一块洁净白布再重擦一遍，然后迅速点刺委中穴，瞬间黑血流出，一会儿自然止住。整个过程，其进针之快、穴位之准、手法之巧，令人眼花缭乱！再往老先生手上看，父亲又吃了一惊——不要说跟讨饭的比，就是生活宽裕闲适的人，双手也未必那么干净和灵润！父亲被先生吸引，不由自主走上前去帮忙。老人见他对一切都是那么熟练，便明晓了几分来意，也没说什么。就这样，两人配合默契地忙了一阵，十几个人很快就看完了。

这时，父亲递上毛巾，先生接过，擦了擦脸上的汗，问他："你该是医生吧？"父亲笑着点点头："您的针刺手法真是巧妙！今天能遇见您太高兴了。"老先生说："哪里呀，这些穷乡亲对我都很好，我只不过知道一些皮毛。但你不要小看就这两针，只要辨证准确，对一些时令病常有即刻效应。"父亲听后，诚恳地求教："委中放血我见过很多人都用，只是和您的方法不一样：我见您有时先刺左边，有时先刺右边，有时待血自行停止，有时帮病人擦按止血。您能给讲讲这是为什么吗？"

秦先生一点儿也不保守，告诉父亲说："病人若腹痛、恶心、呕吐，没有腹泻，就先点刺右委中穴；若腹痛、腹泻，没有呕吐，就先点刺左委中穴——左升右降嘛；若病人呕吐、腹泻同时出现，就用双手同时点刺左右委中穴。"父亲说："您这一手真是绝技，双手点刺两个穴都一针见血——太神了！"老先生也没客气，告诉父亲："这没什么，扎多了，就凭感觉了。"老先生接着对父亲说："待血自止，是待淤紫血流尽而血自行止住，这类人体质素健，是谓泻法；还有的人淤血过后，仍有红血流出不止，你就要帮他止血了，是谓补法，因此类患者素多气虚。还有上斜刺、下斜刺、左斜刺、右斜刺，其出血量不一样，治的病也不一样……"一个委中放血，就有如此多的变化和学问，父亲对秦先生彻底服气了，没有想到在这样的环境条件下竟有如此明医！

秦先生的治病方法很适合当时农村的情况，以简便价廉而获卓效。在劳动之余，父亲常常向秦先生学习、请教，老人家也很愿意与父亲交流，并把自己多年的经验毫无保留地传给了父亲。在秦先生的影响下，父亲逐步形成了方小剂轻效速的治病风格，多则八九味药，少则二三味药，但收效甚速。

八、良人：不抱怨的人生

顺义行医二十年从未收费

父亲被下放到顺义衙门村以后，尽管在规定上不允许他再行医，但由于当时农村缺医少药，在广大贫下中农的联名要求下，生产大队勉强同意"在不影响参加劳动的情况下，允许薛培基利用业余时间给贫下中农看病"。但出身地主、富农的人如果找父亲看病，则需得到大队治保主任的批准。

父亲在当地为人治病二十多年，未收过一分诊费。即便如此，命运却使他再次蒙冤：1958 年的一个夏天傍晚，我们全家正准备吃晚饭，突然大队支部书记带着几个警察闯进家里。其中一个中等个子的警察对我父亲声色俱厉地说："有人举报你破坏'除四害'运动，抗拒劳动改造，非法行医为人治病，现在依法对你施行拘留，立即执行！"紧接着，几个人不由分说就把父亲给捆走了，连夜关押进了衙门村的拘留所。直到四十天后，我们一家才见到被"无罪释放"的父亲。

回到家后，父亲讲了事情发生的始末：一天中午，村里的一位农民患急性肠胃炎，上吐下泻，高热近 40℃。病人由于脱水，处于半昏迷状态，被家人用手推车送来请父亲救治。父亲因为抢救病人耽误了中午下地轰麻雀的时间，较每天出工晚了一个小时。结果"除四害"负责人当众斥责父亲对党的号召有抵触，不老老实实接受改造。父亲连声抱歉，并如实地汇报了救治病人的情况。没想到这位负责人蛮不讲理地说父亲就是反对党的"三面红旗"，反对社会主义！父亲终于忍无可忍，质问道："你说我是救人性命重要,还是轰麻雀重要?"那位负责人没想到父亲竟敢出口顶撞,随即破口大骂,甚至想动手打人,幸好被现场其他社员劝阻才没得逞。恼羞成怒的他跳着脚,恶狠狠地说:"你等着,我去告你'非法行医'!"就这样,他的诬告使父亲被关进了拘留所。关押期间,刚直的父亲始终未在认罪书上签字。一个多月后,因当地老百姓要求放父亲出来看病的呼声越来越高,父亲才被不了了之地释放了。

那人当时诬告父亲三条罪状,第一条是"非法行医"。首先,当时顺义县中医执业者有一百余人,其中具有大学文凭者只有两人,父亲便是其一;其次,当时父亲有政府发的开业执照并没有收回;再次,幸好这位病人是贫下中农,当时看病也有生产队长的批条,符合程序,并且父亲没收病家一分钱。第二条说父亲是地主——我家几代人都是行医、经商,从未拥有一亩地。第三条是抗拒劳动改造,经查实,父亲的出勤率是生产队里最高的,从未请过一次假。因此三条罪状无一成立。

此次风波虽然过去,但从此对父亲的限制就更多了。甚至晚间都有谁到家来过、来干什么,第二天都要交一份汇报材料。我母亲说,那时家里晚上除了找父亲看病的人以外,根本没有什么串门的人。看病从未收过一分钱,因此有人过意不去,就会送一点吃的,父亲也坚决不收。

母亲曾对我讲:"你爸为人免费看病二十多年,不要说吃饭,就连水都没喝过人家一口。有些重病人出行不方便,他起早贪晚都还要到病人家里出诊。甭管多远的路,怕回来耽误下地,脚都不歇看完病就走。"从1958年到改革开放的1980年,父亲始终坚持义务诊病二十余年,难怪多年以后,顺义当地的许多老百姓还为此津津乐道。

八、良人：不抱怨的人生

[我的插话]

我父亲是胎里素，一生不能吃荤的。有的社员看好病，就会用自家分的芝麻换二三两香油送给父亲，但他总是坚持不收。当时的我不明白，为什么父亲利用自己休息的时间给人看病，却不收一点钱呢？人家别的劳动力业余时去挖些野菜、拔些青草喂鸡、喂猪，不是也有收入吗？父亲告诉我："刚到农村的时候，我也这么想过，当时就定了看一个病人收一毛钱。可后来我发现有人掏净了口袋才拿出几分钱，还说'以后有钱一定补上'，甚至还有人拿着鸡蛋来看病。医生看病，本来是治病救人的，结果却因此给人增加了负担，这就有点缺少医德了。"

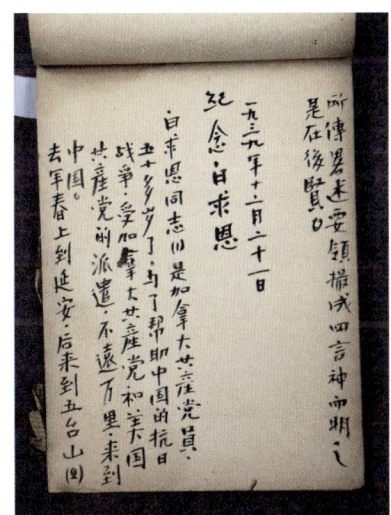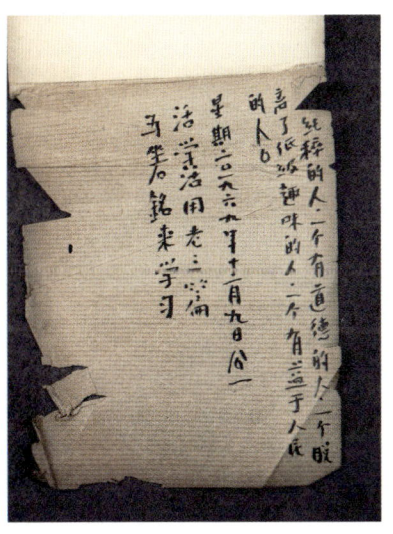

1969年，父亲书籍文稿在"文革"时期被抄走后，完全凭记忆默写年轻时学习《伤寒论》笔记。为了避免再次被抄走，每段后均会加写毛主席语录（左图即在读书笔记后抄毛主席《纪念白求恩》一文，右图即在读书笔记后抄毛主席语录）

九、血脉
深情的怀念

此去经年

良辰好景常念念

旧时针线 慈母掌心的温暖

花木冉冉 满庭"仁者寿"的箴言

国医薛培基

永恒的安详

　　父亲的身体虽然单薄，但一直硬朗，很少生病。然而由于常年吃素，加之多年过度用眼而缺乏营养，他的双眼老年性黄斑变性发展得很迅速。依照当时的医疗水平，也没有什么好的解决办法。一家人的心情也随着父亲视力的下降越来越沉重。每当他感觉不舒服的时候，会吃些自己配的小药，也只能稍微缓解眼睛的干涩、改善睡眠而已。

　　在1998年底，他老人家视力明显下降，即便将老花镜从300度换到500度，也还是看二三十个大字就再也看不清了。那时的他就会收起老花镜，将书轻轻地合上，仔细抚平每一处边角，不以为意地笑着对我们说："你们就不要为我担心了，我看不清了，你们读给我听，不也一样吗？"

　　一生都离不开读书写字的父亲，再也无法享受从前一张桌、一把椅、一卷书的日子了。他对自己的情况了然于心，似开解自己更像宽慰我们说："该失去的就不能强求，始终要好好珍惜现在所拥有的就对了。"因为看不清，父亲走路的样子变得蹒跚起来，再也不能踩上凳子，专注欣赏、擦拭墙上所挂字画——那些时刻的爽意自然流露在神情中，让我们为他欢心。而今只是偶尔会看到，昏黄的房间中，扶着案边徘徊于书架旁他寂寥的身影……

　　全家人心疼父亲，努力地分散父亲的注意力，经常陪他聊天，让他讲故事。晚饭后一家人围坐在一起，父亲很给我们面子，想听哪段就乐此不疲地给我们讲哪段，日子没有预想的那般苦涩，温馨依旧萦绕在这一方平凡之家。虽不能看不能写，但是他的记忆力还是那么好，甚至故事讲得比以往更清晰了，个中小细节都能描绘出来——比如他拜罗复堪先生为师的时候，恩师穿的什么颜色的衣服；育和堂的牌匾上，用的是庄严雄浑的颜体；受施今墨老师教诲时，他难以抑制对施老仰慕的心情……一幅幅生动的画面，通过他的描述，活灵活现地展现了出来，让我们仿佛如身临其境。全家人随着他的故事一起欢笑，一起落泪，一起感慨……这便是生活啊！这本书中所讲述的诸多故事、场景和回忆，大多是此时的父亲，穿一身素净的衣裳，坐在椅子上，像这样不急不缓，与我们娓娓道来的。

在这段时间，父亲最高兴的事情莫过于自己的孙子1999年考上了大学。父亲高兴的不仅是因为他考上的是中医药学院，而是命运多舛的自己最终看到了隔代人的成材——在父亲心中，这是命运的格外恩赐。事实上，父亲并未对孙子做过任何刻意的引导，他从来都只希望孙子自己喜欢什么，便往那方面发展就好。至于学医，他也从未强求，甚至在给孙子起名字的时候，也说："我孙儿就叫'薛政'吧，邮政的'政'！"因为父亲认为铁路和邮政的工作是很光荣、稳定的。然而他没有意识到，孙子考上中医药学院多半是受他潜移默化的影响。他以往经常带着孙子拜访医界老友，平常在谈笑间也会聊些中医的趣事，更不用说在他看病、看书期间对孙子不经意的熏陶了。

薛政拿到大学通知书的那天，父亲格外高兴，他跟全家人商量，说想去一次卧佛寺（香山植物园）。因为父亲平时喜爱各种各样的植物，所以以前会经常去。但现在，父亲的眼睛已无法看见他所喜爱的花花草草，我担心父亲会有失落感，便问："爸，您也看不见，为什么还要去呢？"他说："我看不见，但是你们看得见，你们可以告诉我它们长什么样啊。"他脸上

1998年8月16日在杏园金方成立12周年院庆会上,父亲与刘贵权老中医(右一)亲切握手

1999年春天父亲在国医医院内,与其表侄朱绍昌(左)讨论中药"六陈"的储存方法与临床应用

洋溢着满满的幸福,并未因为我的话有半点沮丧。

在香山植物园,我们边走边给父亲讲。怎料,哪用我们告诉他,只要刚一说出植物的名称,他就能马上描述出这株植物的形态、颜色、特性……那是个晴朗的好日子,初秋的微风中还夹着夏末的余温,我们一家老少相互搀扶,边走边聊。行至园中一角,忽见一片"望江南"。

"爸,这里有一片望江南啊。"我不由手指花丛。父亲略微感慨:"过些日子就要凋零了吧!生命流转便是如此,生长壮老已,万物使然。"已近傍晚,我一抬头,父亲的脸庞笼着一层柔和的光晕,有些不真实,恍惚间仿佛看到了二十年前的他——在那盛开着"望江南"的故园老院子里,恍若昨天我随心问的"爸,这是什么花啊?"他若有所思地告诉我:"这是望江南。"而今,我们又伫立它旁,一样是父亲拉着我的手,一样是望着片片如星点般的小黄花……

1999年11月份的一天,父亲说想到国医院看看。当父亲得知朱绍昌(我的表兄,朱佩经之孙,称父亲为表大伯)正在国医院,他很是高兴,想与表兄叙叙旧。下车的时候有些急,大脑出现短暂缺血,右半身不能动了,后诊断为一过性脑缺血。经过针灸、吃药,总算恢复如初,但也明显感到父亲的身体状况大不如前。

2000年6月份,那天很闷热,父亲突然心脏憋痛,用尽了各种办法,虽缓解了症状,但身体依旧每况愈下。自此他便住在了国医院,不能再回家。7月23日中午,父亲把我们叫过来,说想商量点事。他面容平和却略显疲倦地对我们说:"把我身上的管子、输的液体都拔掉吧,这些东西既解决不了问题,也减轻不了痛苦,我该走了。"父亲像在说一件很普通的事儿一般,但全家人听后顿觉感伤心痛,不禁潸然泪下。

顺了父亲的意思，将他身上的各种管子拔掉了。拔掉之后，父亲的身体更是虚弱得不敢触碰。即便如此，他依然坚持自己下地去厕所，不愿麻烦别人。脑子也很清醒，谁走路、谁说话他都能听出来。我的朋友茹彬来看望父亲，站在远处，小声向我询问父亲的状况。躺在病床上似乎睡着的父亲忽然出声："是茹彬吧？"朋友赶紧上前握住父亲的手，说："您怎么听出来是我？"（茹彬已有半年多没来过我们家）父亲笑意清浅，慈目微张，说："我听走路和说话声，就知道是你……"到晚上九点钟，我侄子领着孩子来看望老人，孩子摸着父亲的手，父亲依然亲切地说："光磊来啦？"之后便和大人说："把孩子领走吧，别让孩子害怕。"把孩子领走后，父亲像往常一样地睡了，就再也没有醒过来。走时，他的面容坦然安详。

1999年病中的父亲

九、血脉：深情的怀念

1999年春天，父亲在杏园金方国医医院院内留影

2000年春，父亲与著名中医刘贵权先生一起讨论病例，这是父亲去世前的最后一幅照片

国医薛培基

亦父亦师亦友

父亲对我的教育，很少以要求的态度或命令的口吻，而是代之以讲故事和格言。有些格言重复讲，一讲就是几十年，有时我会不耐烦，"您这话重复有一万遍了。"父亲听后，一点儿也不生气，总是笑着说："是啊，就是因为我太喜欢这些话了。"父亲讲的，多是他一生尊崇并做到的；还有一些是父亲怀有的美好理想、愿望，而因种种原因没能实现的。父亲和大多数父亲一样，希望自己的子女能有所作为，继续完成自己未竟的事业，更希望后人能超越自己。

【从父子到朋友】

父亲最爱讲的一句话，叫"机不可失，时不再来"。我上小学、初中的时候，听他说这句话是最多的。他认为有些事儿，错过这个时间，就做不成了。如果这件事是今天必须应完成的，那就没有商量的余地，今天一定要完成；有的事假如错过这个时间，还可以再做，那就一定不要着急。他那时候跟我说过这样两句话，是藏传佛教上的话，大概意思是，当我们要做一件事的时候，尤其是特期盼的事儿，就会有一些焦虑或紧张，那么你此时就要注意不能被情绪左右，而需要理性分析这件事你能不能做到。假如分析的结论是可以做到、又想做，那还用着急吗？假如通过客观分析，觉得这个事儿根本做不到或者根本不可能做到，那还有必要着急吗？简单地说，"这个问题能解决吗？能解决，还用着急吗？解决不了，还有必要

九、血脉：深情的怀念

着急吗？"类似这样的话，我从小就反反复复地听，所以自然在做事风格上养成很多一生受益的习惯。

例如，我从"文革"期间就受父亲的影响开始收集施门散落的资料，比如华北国医学院的一些教材，以及施今墨先生在"文革"期间写过的文章。现在看来，这件事做得很是及时和正确——如果没有当年"机不可失"的搜集抢救，这些宝贵的学术、言论精华便"失不再来"，现在对施老的学术思想的研究便无从入手了。

父亲年轻的时候言行严肃，对我的要求也格外严格，到了晚年这种情况就越来越少了，经常与我像朋友一样地交流，有很多事儿都以商量的口气表达。父亲对于成年以后的我变得尊重起来，而我对于凡是父亲提出来的问题也一定会做到——父子间无需言传的默契度越来越高。有时，我也会主动观察父亲的需求，尽量为父亲多做一点什么。他要求我去做什么事儿的时候，用的都是挺和气的口吻，例如"这样做可以吗？"我后来回忆，尽管父亲的语气由严肃转变成了和缓，但他要求我做的事儿，好像并没有什么可选择的余地，而我则一如少年时顺服，一一认真完成。每做一件事，父亲还会设一些问题，比如说他会问为什么要这样做，这事儿一定要现在做吗等等。他的这种教育方式，逐渐令我养成一个习惯：每做一件事儿之前，都是先思考这件事儿该不该做，该怎么做，是现在做，还是可以缓着做。

在我三十五岁以后，感悟和体会越来越多。我年轻时，对父亲的很多良苦用心是不能理解的，但很少惹父亲生气，老人家讲的话，我能做到认真倾听。这里有一个重要原因，是母亲发现我偏离父亲意愿的时候，总是给我讲一些父亲年轻时的故事，讲父亲为了学到别人的本领怎样受委屈。

1999年父亲在杏园金方国医医院走廊

1999年父亲(中)在杏园金方国医医院办公室与其表侄朱绍昌(右)、我(左)留影

九、血脉：深情的怀念

母亲的循循善诱，让我慢慢领略了他们的苦心孤诣，也随着岁月流逝，渐渐让我和父亲的关系超越了简单的父子情。

这几十年朝夕相处，概括我们的关系是以下几种：首先他是我父亲，会对我有一些期望，他通过自己的教育方式，让我知道他希望我成为什么样的人，有怎样的发展，我一直都很敬佩他；从学医角度来讲，父亲又是带我入门、给我启蒙的人，所以他又是我的老师；父亲年轻的时候，是一个很严格、很严肃的人。到了晚年，大概七十岁以后，他性格发生了很大的变化，跟我沟通的时候没有批评了。无论什么事儿他都先让我表达想法，我说完后，他先对我正确的方面表示认可，不对的方面，则通过沟通让我认识到自己需要调整之处。对我提的问题，他不是一上来就讲道理，而是把道理转变成故事的形式来讲解。常常他的故事一讲完，我就明白了——他已经回答了我的问题。我们之间又好像是朋友一样，所以我认为父亲兼具了父亲、老师和朋友这三重角色。

【遥思清供望江南】

我清楚地记得，六十年代后期，父亲在给我讲他年轻时和师友在一起的故事后，会让我感觉到老人家在神情上有一种孤独感。后来我母亲也发现他经常看着和翻弄着那些照片和书本，眼神凝重，好像在想着什么。母亲想说说话把他从那种状态拉出来时，他总会说："不要打扰我，让我好好安静一会儿。"后来父亲在院中种了一棵夏天开小黄花、秋天结出豆荚的植物，我问父亲："这是什么花啊？"父亲若有所思地告诉我："这是望江南。"其余也就不再说什么了。第二年春天，父亲用前一年结出的种子，在院里种满了这种植物。每天从地里劳动回来，他都会先站在花丛中看一会儿,有时会看着这些花草笑,有时会自言自语,然后或浇水,或施肥,或锄草……

一天,我放学回家,母亲招手示意让我过去,然后用手指向院子。我看见父亲托着一只瓷盘,正在采摘望江南的嫩叶芽,小心翼翼地摆在盘上。然后走进西厢房中……过一会儿,父亲从屋里出来去看书了,我悄悄进去,看见桌上摆着一排照片——是罗复堪、陈垣、施今墨、张文修四位老先生,还有朱壶山先生的一本《伤寒论通注》,一本安斡青先生的《处方学讲义》,一枚寿玺先生刻有"忠心堂"的印章。在每件文物前,整齐摆放着十片花叶,并有一张写着"恭祝老师万安"的字条,落款是"培基,公元一九六八年农历四月十五日"。看到这些,我好像明白了一点什么,但不知为什么要放望江南叶片,又都是十片。当我思考着从西房走出来时,见父亲正微笑着在门口站着。

我有点紧张,刚要解释,父亲用手抚摸着我的肩膀说:"不用紧张,我想念这几位老师了,也不知道陈老师和施老师现在都是什么样的状况(正值文革高潮期,当时只有陈、施二位恩师在世,张文修先生已失去联系,另外几位老师都已仙逝)。现在只要一安静下来,就会不自觉地想起和这几位老师在一起时的那些事。越是想他们,就越觉得孤独,所以我把几位老师'请到'家里来,把心里的孤单缓一缓……"我看到父亲感伤的神情,心里自然也与那些熟识于心的故事融合在一起了。于是又好奇地问:"那您为什么要用望江南的叶子呢?又为什么各放十片?"父亲解释说:"因为这几位老师大多是南方人,现在无法见到他们,只能在心中企望;十片叶芯,是我心里十分想念他们。"

到了夏天,满院黄花盛开,朵朵莹润静好。这次是在一个清晨,我和父亲一起去摘下那些承露的花朵,然后一一敬献在这几位老人面前。但怎么也没想到,就是在那一天的晚上,来抄家的造反派们见此场景,不由分说地将这些文物抄走,还在屋里乱砸乱扔。为此在批判父亲的大字报上又多了一条罪状——顽固不化的资产阶级孝子贤孙。造反派们在事先以我名义写好的一篇控诉父亲"犯罪事实"的文章上让我签名,因为我没有按他们的要求去做,便以"没有教育好的反动子女"之名,将材料送交到学校。因此,我被列为学校重点斗私批修的学生。

【恩爱互敬的家常真情】

在我的记忆中,父亲日常的生活起居,都是由母亲精心照料着。母亲任劳任怨一辈子围着父亲和家庭服务,从没想过自己,但她觉得"活得值"——因为父亲疼惜她。有件事母亲总是念念不忘:"你爸一生受了太多的委屈,年轻时是因家庭负担重,过着省吃俭用的日子。他自己不吃荤,知道我喜欢吃羊肉和鱼肉,怕我舍不得花钱,所以他就经常给我买最好的肉回来。有时怕我舍不得吃,就一定看着我吃完才高兴……你爸对我,用心呐!"在过去妇女地位普遍不高的情况下,父亲的这个举动让母亲由衷地感到知足和幸福。

我对此却很好奇——父亲不吃肉,他怎么知道什么样的肉好呢?母亲说:"一开始我也这样问他:'你自己不吃肉,为什么每次买回来的肉都比我买的好?'他说:'我虽不吃肉,但我有一位好朋友是美食家啊!'后来我才知道,他所说的好朋友是一本书,专门说吃的。"我接着问:"我爸买回来的肉怎么个好法?"母亲回答说:"比方说鲤鱼吧,他买回来的就比我买的细刺少,味道也更鲜美,吃着不麻烦。你爸告诉我:'鲤鱼分两种,一种是脊背发黑的，一种是白背的，黑脊背的细刺就多。'后来我通过比较，确实是这样的。"

听了母亲的话，我急不可待地去问父亲是一本什么书，这么神奇。父亲告诉我说："是清代袁枚写的一本书，叫《随园食单》，里面对各种食材品质及烹调方法都有极为讲究的介绍。"

父母亲七十岁以后，双方更加相互在意了。年轻的时候，是母亲对父亲的体贴照顾要多一些。到了晚年，母亲的身体状况变得不太好，出现了脑软化的现象，记忆力明显下降，有时还会莫名其妙发脾气，过后自己也不知道为什么不高兴。但每次父亲都会尽量让母亲的纠结得到满意的释放，或是向她道歉，或是静心听其抱怨，或是按着母亲的要求改变……我有时担心父亲受委屈，也会主动替他去做一些让母亲开心的事。当母亲发脾气过后，看到我们父子俩都在无怨地哄她高兴，也会笑着说上一句："都是你们爷俩儿先绕着弯地气我，然后再来哄我，以后少气我一点儿就行了。"父亲看到母亲笑了，也会风趣地说："您是我们全家的大功臣，只要您高兴了，也就是全家人的幸福了。"

【恩侣长辞之后的释怀】

1988年，母亲过了七十五岁生日后，身体状况迅速下降，已无法走路，精神也日渐不足了，总是想睡觉，一天也吃不了多少饭。父亲的心情一天比一天沉重，想尽治疗方法，也只是略有一时的缓解。看到父亲每日愁郁的面容，我和太太都尽量去照顾病重的母亲，让父亲能多一些宽慰。那年中秋节的晚上，全家人一起吃月饼，母亲的那块她没有吃就睡着了。过了一会儿，父亲对我说："凭直觉，你妈今年过不了春节，就得走了。"看到

九、血脉：深情的怀念

父亲感伤的神情，我心里顿时有一种说不出的滋味。从那时起，我每天尽量早些回家陪两位老人家聊聊天，给母亲扇扇风，捶捶背，捏捏腿……

果真让父亲说中了，就在那一年的农历十二月二十四日中午，母亲永远地离开了我们。在母亲走的前一天早晨，她的精神格外好，面色有些红润，面带微笑，也不说什么。两眼总是在看着父亲，父亲心领神会坐到了母亲身边，抚摸着她的双手，让我太太去准备洗脸水，然后亲自用热毛巾为母亲洗脸，擦洗身体，最后仔细地给母亲洗了脚。这时父亲趴在母亲耳边说："今天给你换一身新衣服，你就放心地走吧……"最后的一天一夜父亲没有合眼，只要母亲一睁眼，父亲就会安慰几句话，其情其景，能感觉到母亲没有任何遗憾，只是有些不舍。

在母亲刚走后的日子里，我和太太把全部精力都放到了父亲身上——比如跟老人家聊些他喜欢的话题，陪他去散步等。但不论我们怎样努力，把话题岔开，父亲还是要说些他和母亲几十年生活的往事，而且总是遗憾为母亲做得太少了……平日里喜欢说笑的父亲，一天到晚沉浸在往事的回忆中。我看在眼里，急在心上。

一天，我随父亲的老朋友、著名儿科专家刘韵远教授侍诊抄方，提到了父亲的情况。刘老看到我为父亲身体担忧的样子，对我说："依我的切身体会（刘老也是夫人先走的），你现在的任何劝说，都不会有什么根本性的效果。只有每天向你父亲请教一些你在管理工作或看病中遇到的不能解决的问题，让他感受到他在你生命中的地位是不可或缺的，如此自然会将他的心思转移到对子女的关注上……"于是我依言而行，每天下班后就赶快回家。按照刘老教我的方法，每天都将医院里的一两件事向父亲真心求教。有时甚至我已经解决了的事，也还是要听听父亲的意见。常常我解决问题会出现哪些不良后果，或者疏忽、遗漏的地方都会被父亲事先预想到和言中。果真如刘老所说，从此父亲的精神一天天好了起来，我们一家人又像从前一样过着其乐融融的日子。

我的老师祝谌予先生和翟济生师伯一直都担心我母亲去世后，父亲的精神和身体状况会不会出什么问题。就在母亲百日忌辰的时候，两位老前辈到家中去看望父亲，三位老人谈笑风生，共同叙说他们之间从困难到如今幸福生活的感受。临别之际，祝老对我父亲说："我们看到你现在这个样子，就放心了，你有一个好儿子和好媳妇啊！"

1988年母亲逝世100天时，于1989年春日，祝谌予先生（前排左一）、翟济生先生（前排中间）、祝镕（后排左一）、李银山（后排左二）、薛士孝（后排右一）来家中看望父亲（前排右一）和我（后排右二），于院中合影留念

九、血脉：深情的怀念

甘心顺受的母亲

我的母亲姓周，出身于世代务农人家。在旧社会农村过着自给自足的日子，解放后给定了"中农"成分。据母亲讲：当时在外祖父名下的土地有百余亩，可够得上当时本村富农成分的土地数量。但因没有雇过长工，平日的农活都是家里人自己管理，只有到了农忙季节，才会找几个临时短工，所以，才没有被定成"富农"。

周家有几个与别家不同的地方。一是在解放前，一般富足人家的女眷是不下地劳动的，但周家的女人却要和男人一样下田干农活，只不过做得比男人轻一点儿。

第二个不同，是周家人出了名的老实，从未与街坊邻里发生过矛盾，即使有些小的不愉快，也永远是忍让、情愿吃亏的那方。还有更让一般人不能理解的地方是，家里有两座三合院，盖房子的木料、石料、砖等选材都是上乘，唯独房顶上不挂瓦，需要每年抹泥防雨。说是"不露富"，避免有"绑票"的来勒索钱财。听母亲说，曾经家里真的来过一次绑匪，结果是没伤害家里人就扫兴地走了，原因是没找到老东家。其实外祖父就在屋里坐着，绑匪还以为他是一个扛活的老头，问他东家去哪里了，外祖父头也没抬地告诉对方，说："东家去县里赶集了，不知道什么时候回来。"由此可以看出，其穿戴也必然非常简朴。

第三个不同的地方，是家里的孩子都要识几个字。外祖父与一般农户有一个不同的观点，就是家里不管男孩女孩，都要识几个字，说是避免上当受骗。母亲姐妹三人,她排行在二,还有一个哥哥。家里男孩子去外边学堂读书,女孩子则在家中读书识字。每天晚上由外祖父亲自教些常用的小书,诸如《三字经》《百家姓》之类并易于记诵的。同时还会教认些农村实用的文书,诸如分家单、购买土地契等。

母亲就生长在这样一个家庭环境里。除了读书识字外,她从小就对针线活儿有极高的兴趣和天赋,尤其对刺绣爱不释手。至于读书写字,尽管外祖父要求很严格,但还是不如刺绣学得快、记得牢。外祖母则认为一个女孩子,能做一手好针线活儿也不错,不一定非要"赶着鸭子上架"。所以母亲虽然是认了一些字,但能写出来的就很少了。外祖父很无奈地说:"会认不会写,早晚得受瘪。"他虽对此不甚满意,但看到母亲绣出各样栩栩如生的绣品时,也还是逢人就不无骄傲地展示一番。

【巧手贴补家用】

母亲二十六岁(虚岁)和父亲结婚。结婚之初正是父亲在辅仁、华北国医学院读书期间。母亲说,那六年是她和父亲一生最为清苦的日子。读书用的学杂费均靠表兄马江赞助接应。父亲利用业余时间诊病的微薄收入,积攒起来贴补祖母的生活费(祖父的生活费由大伯贴补)。家中日常生活费用全靠母亲做针线和刺绣而来。她白天为一姓雷的人家做针线活,晚上空余时间做一点刺绣的工艺品,托琉璃厂的两家商铺代卖,加在一起每月约有三块多银圆,即使只有三块银圆,母亲每月还要存起一元,以备不时之需。

每天母亲做熟饭后,总是让父亲先吃,她自己找各种理由等父亲吃完后再吃,有多少就吃多少。一开始父亲不明白母亲为什么不与他一起吃饭,

九、血脉：深情的怀念

我的母亲（70岁时）

1982年，母亲（右）与小孙薛政（左）在农村小院

还有些不高兴,时间久了,父亲才发现,原来母亲每天都在挨半肚子饿,难怪她面容日渐消瘦呢。父亲十分心疼,对母亲说:"咱们现在的生活困难都是因为我,如果不是我因上学没有工作,也不会让你受这份苦。所以有困难也得由我来承担,哪能受苦挨饿让你一人承受?"自此父亲要求每天母亲一定要同桌进餐。虽是清苦,两人却是有说有笑,互相关心和体贴。

为了节省交通费用,母亲婚后半年多都没有回娘家看看。二老又是担心,又是生气。后来在外祖母的一再催促下,外祖父只好进城来看望女儿、女婿。进门见到两人生活的窘况,心疼不已,立刻掏出几元钱递给母亲说:"你们有困难怎么不说一声?这样下去哪儿受得了!"父母亲一开始还跟外祖父坚持:"我俩不能去孝敬您,已经很差劲了,怎能再花您的钱呢?"外祖父又着急又生气地说:"甭跟我瞎客气了,就算我借给你们的,以后有钱了再还我。"然后又对母亲说:"以后你不许再为人家做针线活了,好好在家照顾培基生活就行了。咱家种地,粮食是不缺的,以后不要到外边买粮食,我会每月给你们送来的。再有我只希望你们俩身体好好的,我还等着抱外孙子呢!"就这样,外祖父每月都按时送来吃的和一些日用品。但每次父母亲说什么都不肯收下外祖父给的钱。因老人喜欢喝一点酒,父亲每次都会在外祖父来之前预备两瓶好酒,让老人带回去。

父亲在读书期间,除了课本以外,一些参考书都是到图书馆借阅,爱不释手的书就自己用废报纸抄写,再交给母亲装订。由于母亲针线活基础好,再加上她心灵手巧,所以订出来的书和买的几乎分不出来。一次,父亲的好友刘金涛来家中作客,看见母亲正在为父亲装订抄写笔记,整齐、精美的成品和专业装订水平没有什么差别。于是他主动对父亲说:"二哥(父亲排行在二),以后我和掌柜的说说,韵古斋装订活儿忙的时候,我们请二嫂帮忙可以吗？"父亲以为金涛就是顺口说说，也没太在意，就笑着应承一句过去了。没想到一次父亲去韵古斋的时候，掌柜笑着迎上来对父亲说："培基，我听金涛说，你太太会订装书，我们现在接了一批活儿，人家要得急，柜上人手不够。如果你不介意的话，是否可请太太帮帮忙，把这批活儿给人家抢出来。"父亲忙说："您别听金涛的，她哪会订书啊，只是帮我订几个小本而已。"父亲还想再说什么，这时金涛也赶过来说："就别客气了，帮帮忙吧，我们可以多给点钱。"父亲说："我哪是想多要钱呢，是我怕影响你们的质量，砸了牌子。"掌柜赶紧说："这个你不用担心，我让老师傅教她就行了。"父亲回家后对母亲说了这件事。本来父亲心想，母亲可能会说："我哪会装订书啊？"但没想到的是，母亲很爽快地就答应了。并且说："你的那些线装书我都仔细看过，每次给你订的那些书本，我都会与买的书反复对比，在哪儿起针，在哪儿收线系扣，还有对不同大小尺寸的书留边幅度都有些了解。你放心吧，我再跟老师傅学习学习，应该不会难住我。"就这样，母亲在老师傅的指导下，很快就学会了装订书。做出来的活儿又快又好，得到了掌柜和同行们的赞扬。自此家里又多了一些收入。

父亲华北国医学院毕业后，自己开了诊所，病人逐渐多了起来。家中的生活水平，在父母共同的努力下，总算有了些保障，并且小有富余。父亲也总是会尽量抽时间陪母亲去逛逛公园，听听小戏，偶尔还会看看电影，两个人的小日子过得还算有声有色。

【弱肩撑起全家】

这样的好日子并不长，随之而来就是连续两个孩子不到三岁就患上不

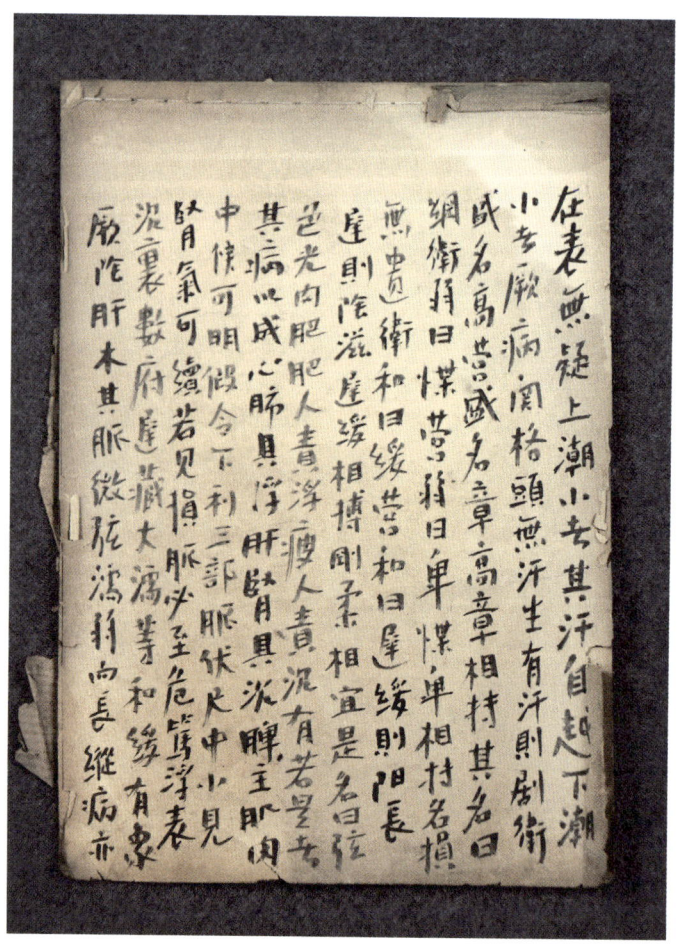

1969年,在父亲书籍文稿在"文革"时期被抄走后,完全凭记忆默写年轻时学习《伤寒论》的笔记(由母亲装订)

知名的病而夭折,这对于尚年轻的父母简直是难以承受的打击。父亲回忆这段事时对我说:"你妈妈一生都那么坚强,在我俩连续五个孩子都失去的时候,俩人的身心都已疲惫、伤痛到了极限。我没有撑住,得了严重的抑郁症。而你妈妈却坚强地撑住了,不但顶起家里所有的事,还要照顾你奶奶。后来在你出生后,我俩的精神、身体才慢慢好起来。但紧跟着是连续二十年的运动,因为我说错了一句话,让你母亲也跟着受罪……后来的事,你都看到了,你母亲依然是无怨无悔,为咱们这个家奉献到老。"

说到父亲连续遭受运动冲击的二十年中,母亲是怎样挺过来的,我亲身体验至深。在人生酸、苦、甘、辛、咸五味中,除了甘味是极其平淡的以外,其他四味都令常人难以承受,欲辨难言。

我依稀记得1958年父亲以"非法行医、地主、破坏除四害运动"的三条莫须有的罪状,被拘留所带走的三十九天日子里,母亲是怎样以她那瘦弱的身躯来撑着这个支离破碎的家。

时年奶奶已经七十岁了,父亲被带走的当天晚上,老人家昏厥过去,呼叫不醒。母亲用双手掐按着奶奶的人中、合谷二穴,一边嘴里喊着:"妈呀,您千万别着急,您儿子没有犯法,很快就会回来的。"此时的母亲眼睛里没有泪水,只有满脸淌着的汗水……奶奶苏醒过来了,母亲的神情轻松了很多,赶忙将一碗温水递送到奶奶嘴里,奶奶不停地喊着:"我儿子一天到晚只知道治病救人,从来不招惹是非,他到底犯哪门子法了呀?"老人嘴里喊着,双手还不停用拳头砸着炕……着急、担心、害怕等复杂的心绪让老人连续昏厥了三次,母亲一次又一次如此呼喊着年迈的奶奶。然后再抱过被吓得躲站在墙角的我,用手抚摸着我的头说:"孩子不怕,爸爸很快就会回来的。"当时只有四岁的我,完全不知道是怎么回事,并且还天真地埋怨着父亲说:"爸爸今天还没给我讲故事呢!明天他会回来给我讲吗?"听到我这句话,妈妈哭了,但还是安慰我说:"爸爸办事去了,要过几天才能回来,今晚妈给你讲故事……"

【甘心顺受人生】

母亲虽然身体瘦弱,却很少生病。我今天回忆起来,她老人家之所以身体好,可能与两点有关:一是平生无怨无悔的品行,一是她喜劳动、会劳动。父亲说:"你妈自从和我结婚以来,吃了很多苦,也受了很多委屈,但从来不抱怨,一次都没有,繁复的家务事和困难,都是她主动承受。在前半生,为了让我安心学习,她给人家做针线活、卖自己的绣品、没日没夜装订书籍,在家里也总是做在前边,吃在后边。后半生到农村后,家里生活就更困难了,尤其是我被突如其来地冲击,身体和精神都已摇摇欲坠,是你妈全力支撑着咱们这个家。那时家中没有任何收入,我和你妈俩人到地里参加劳动,一年挣下的工分,还不足以顶还全家的口粮款。日常的生活费用只靠你妈喂养几只鸡,卖鸡蛋换来一点钱,再就是一年喂一头猪卖上四五十元,供你上学……"

"文革"后,父亲深深知道自己给母亲带来了诸多精神压力,特别是在莫须有的"政治问题"面前从不低头所造成的结果,连累母亲承受了难言的苦痛。父亲说,自己在农村生活几十年,有很多东西是在城里学不到和体验不到的,尤其是那些急危重病的救治,只有在城里大医院的急诊室才可能接触到的病人,在当时农村的医疗条件下,给了他很多难得的锻炼机会。说到这里,父亲又自嘲地说:"假如在反'右'时,能在那一张要牵累我与众多师友的从未做过的'坏事'证明材料上,按照运动者的意愿签

九、血脉：深情的怀念

字认罪的话，也可能是另外一种状况。但是因为我的'不识时务'，才会有后边的自食其果，让咱全家多受了这么多年的苦。"

对此，母亲不但没有责难父亲，反而多次对我讲："你爸爸那种从不做亏心事和不去坑害别人的坚持，是我最敬佩的，日子是苦了一点，但我心甘情愿……"可能就是因为母亲有这样的心态和行为，所以才在沉痛的人生挫折中一直朝向希望的亮光处。

在农村，一年四季都会有不同的应季农活，如春种、夏管、秋收、冬藏、备耕，年复一年，均是如此，尤其是在改革开放前，农业机械化程度还很低的时候。农民们一年到头，根本没有假期和休息日，除了下大雨或春节会休息几天。不仅如此，在农忙的时候，还经常要夜里加班。那时父母亲都要到田间参加劳动，到了中午回家，一般夫妻都要一起做午饭，因中午休息时间短，吃过饭下午还要出工。父亲会做饭，也喜欢做饭，但母亲从来都是坚持自己一个人做饭。后来我大一些了，放学回家就主动帮忙"打下手"。对此，我曾好奇地问过母亲："我爸做饭那么好吃，您为什么总不让他帮您一起做呢？"母亲说："你爸出一天勤，已经很累了，田间休息时，还不断有人找他看病，地里又没有纸笔，看完病人全靠脑子记，回家还要给人家开药方。有时最多的时候，中午和晚上要开二十几张方子，万一出点差错，就是伤人害命的事。还有就是你爸常说，'什么千奇百怪的病都可能遇上，所以需要不断地读书学习，才能跟上疾病发生发展的需要。'所以要尽量让你爸有充足的学习和思考时间。另外，我不知道你发现没有，不管有多烦恼的事，你爸只要一读书写字，就跟换了另外一个人似的，看他高兴了，我也就不再为他揪心了。"

在我的记忆中，除了家里吃饺子，母亲会同意父亲一起来包，那是因为母亲"两个人包饺子的小日子是和和美美的"的内心期盼。吃其他饭时，母亲都会跟父亲说："你去看书吧，我这儿不用你。"还有家里的杂活，母亲也从来都是独自承担，并且一向心情舒畅，从未有过半句怨言。

【深情扶持事业】

母亲的眼里，除了外祖父和外祖母，父亲就是她生命中最重要的人了。她对父亲尊敬、关心、体贴和包容了一辈子。尤其是连续失去我上边的三个姐姐两个哥哥之后，父亲的身体垮了，精神垮了，人也倒下了。但母亲只是身体垮了，精神却没有倒下，因为在她的本能中支撑这个家就是自己的使命。当父亲患上抑郁症后，她白天到处求助父亲的老师、朋友，想尽各种办法给父亲调养；晚上故意引着父亲说话，不知不觉把话题引向父亲最为得意和开心的经历，和他共同回忆幸福往事……就是在母亲这种极为用心的陪伴扶持下，父亲的精神、身体才没有彻底倒下。

对此，母亲跟我说："很多人都说你爸有精神错乱病，这一点我心里最清楚。他确实曾在三次大的打击下抑郁过，最初是因为几个孩子的连续失去，他变得不太爱说话，夜里睡不稳。除了看书写字外，对任何事都没有兴趣，甚至以前要好的朋友到家里看他，他也只是听人家讲话，自己很少主动交流。后来经施老给你父亲治疗后，病情很快就恢复了。第二次是因为'文革'中抄走他的书以后，精神又出现了类似的状况。那个时候，一般被管制的人都会对运动分子唯唯诺诺，属于运动中'听话的'，而你爸爸却一直不肯违心屈从。让他去认可那些根本不存在的'犯罪事实'，他是绝不干的。尤其是对当时的'外调'人员，前来调查他的老师、朋友们的所谓'犯罪事实'，他的证词总是与来者意图相反。所以很多人都认为

九、血脉：深情的怀念

他有精神病，说他不正常。只有我知道其实他说的完全都是真话。有一次我曾劝他说，'他们让你说什么，你就说什么，不就得了吗？'你爸立刻说：'难道你不明白他们要我说的是什么吗？他们要我证明那些老师、朋友有反党反社会主义言行，那不可能！我们在一起时从没做过有损党和国家的形象和利益的事。如果为了避及一时的委屈，去坑害那些曾给予恩情和帮助过我的人，我是万万做不来的，外边人怎么议论不重要，我只坚持做人原则就行了。'当听你爸说完这些话的时候，我心里很难受，知道是我错了，不应该劝说他去做那些伤天害理只为洗清自己的事……"

母亲对父亲坚持从医责任的担当非常敬佩。她不但敬佩而且一直默默支持。在母亲的眼里，父亲的个子虽然不高大，却是一个很了不起的人。母亲告诉我说："几十年来，不管情况多艰难，你爸始终没忘医生的责任。即使在他精神状态最差的那段日子，为别人看病时，他的脑子也格外清楚。病人满意的疗效和口碑，还有他一生从未出现过医疗差错，就是最好的证明。"

我曾好奇地问母亲："我从未见过您和父亲吵架，难道爸从未对您有过不满意的事吗？或者说您就没有受过委屈吗？"妈妈听了我的话，笑了笑说："夫妻俩几十年没有不同意见，也从来不吵架，肯定不可能。不过我和你爸之间一旦有争执，是有一个原则的——就是从来不会当着人吵架，也从不会找任何人给调节。或在两个人有不愉快时，多是你爸先主动和我说话，缓解僵局，然后互相再解释自己是怎么想的。大多时候，都是你爸爸把我说服了，我也会向他道歉；如果是你爸爸错了，他也会千方百计哄我高兴。一般时候，只要我认为你爸说得对，我都会无条件服从。"——那一刻，我明白了母亲似庭前朴实无华的萱草，丛丛向阳而有强大的生命力，擅解人忧，更善忘忧。

说到这里，母亲提起一件事：在解放前，家里的女眷闲下来的时候会聚在一起打牌。为了搞好气氛，常会有些小的金钱输赢。因从小外祖父对儿女要求很严厉，女孩子是坚决不允许沾染这种游戏的，所以母亲也对此没有什么兴趣。但有一次，曾祖母、奶奶和伯母想玩牌，恰好缺一个人。伯母就一定拉母亲去陪着玩会儿。母亲为人老实，一时推托不开，就去了，没想到到了晚上，耽误了给父亲做晚饭，回家后母亲如实对父亲说了原因。父亲听后立刻用从未有过的严肃口气说了一句："你能答应我，以后永远不会再参与这种事了吗？道理你应该懂。"就因父亲这一句话，母亲终生再也没有去打过牌。

【口福孝亲难再】

父亲一生吃素。他的吃素不是因为有什么信仰。据奶奶讲，从父亲刚会吃东西时就发现，只要吃一点肉类食物就会呕吐不止，并且身上还会起红色的痒疙瘩。后来发现就连与动物相关的牛奶、羊奶、鸡蛋，吃了也会有同样的反应。不仅如此，后来逐渐发现有一些蔬菜，诸如葱、蒜、韭菜、香菜等也不能吃。久而久之也就形成了习惯。父母亲二人结婚后，为了生活方便，母亲也就很少吃肉了。但父亲从来不同意母亲迁就自己，在条件好的时候都是父亲主动为母亲把肉买回家。

母亲最喜吃羊肉，却没能吃到多少。一来因为物资匮乏的困难时期，羊肉很难买到；二来家中经济拮据，即使村里偶有人卖羊肉，要么母亲不舍得买，要么一次只买二三毛钱的，跟菜和在一起做馅儿吃。改革开放后，家里的条件好起来，我总会按时买些羊肉给母亲，让她能尽量享受口福。

九、血脉：深情的怀念

但是，好日子不过五六年的时间——因积劳成疾，母亲在1988年春节前就离开了我们。

母亲走后，每次吃羊肉的时候，我就会不自主地想：要是她老人家能多活几年该多好啊！时间一久，渐成心结。后来只要一吃羊肉，我的皮肤就会起荨麻疹，现在也已经不能吃羊肉了。

国医薛培基

1981年时的父亲

九、血脉：深情的怀念

诉不尽二十载父女情

我是在 1980 年走进这个家的，那时候我并不知道，就是在这个平凡又普通的三口之家里，我即将走入自己人生中最美好的时光。温和的母亲、宽容的父亲、能干的丈夫，还有我们很快便拥有的一双可爱儿女，他们都是最让我感到温暖的家人。

最初的几年，是母亲教会我成为一个称职的妻子。但她去世得早，接下来的很多年都是我和丈夫、孩子们和我这位可亲可爱的父亲在一起。对于父亲的回忆，初想起来好像很简单：他永远是那个波澜不惊安静的样子。但细细想来，往事如昨，一个又一个的片段便像泉水一样源源不断地涌现出来……

【宽厚仁爱的长者】

在我们结婚时，父亲已经六十六岁。他只有福玉一个儿子，所以自从我进门之后就把我当成女儿看待。他体谅我上班很累，于是每天都会准备好点心水果放在我的房间里，让我一回家就可以吃到。在我下班进家门的那一刻，他也总会用慈祥的目光看着我，对我说："累了吧？"很简单的三个字，却真真切切地体现了一位父亲对女儿的关心。

在那个年代，结了婚进了别人家的门往往意味着必须收起做姑娘时的任性，担负起一大家子的起居和饮食，好像"儿媳妇"这个角色理所应当承担所有的家庭内务，我自己也是做好了这样的心理准备。可没想到，这个家里的两位老人待我如亲生骨肉,他们用父亲的目光来关心我、用母亲的细心来照顾我。对我而言,怎么可能没有感动?

结婚一年后,我们变成了五口之家,孙子的出生让两位老人特别高兴,尤其是父亲,好像一下子年轻了十几岁,他清瘦的身体似乎变胖了一些,脸上也透出了光泽。他的生活其实特别简单,一生吃素,不仅鱼、肉、鸡蛋,甚至连葱、蒜都不吃,所以和我们吃不到一起,每顿饭都是单做。父亲体谅我辛苦,在吃喝上总是简简单单,没有任何要求。有时候我忙起来,可能连着几顿做的饭都一样,可父亲却总是说"很好,很好"。

【深值敬重的良医慈父】

父亲是位医生,有仁术也有仁心。有一段时间,父亲给人看病时,我跟着学抓药。记得有一次,一位病人慕名来找父亲看病,但在看病的过程中又总是吞吞吐吐、欲言又止,好像有什么话不好说。父亲只是像往常一样仔细询问病情,对病人的表情好像视而不见。最后,药方开出来了,我拿着药方准备抓药,才发现只有简单的几味药,药量也很小。我偷偷地问父亲:"您为什么开这么少的药?"父亲告诉我:"你看病人的着装和他没说出口的话,应该是家里条件不太好,咱们能做的就是在治好病的前提下尽量让他少花钱,大家都不容易,能帮就帮吧。"

父亲一生不抽烟、不喝酒,勤俭持家。早些年家家经济状况都不好,后来我们的条件好了一些,就会每个月都给父亲一些钱,但他却很少花,基本上都给孙子孙女留了起来。我能记得父亲唯一的一次比较大的支出,就是买了几床毛毯,但也是为了家里买的。那时候,他的眼睛已经是初期白内障了,却独自拿着攒的钱走了几里地去顺义的东风商场买回了几床毛

九、血脉：深情的怀念

毯。买回来后自己却舍不得铺，也舍不得盖，平时就放在柜子里，时不时拿出来摸一摸，晒一晒，然后再收回去。

【爱人者，人恒爱之】

父亲是一位热爱生活的人，晚年的他几乎离不开花草鱼鸟。一有时间就在家中院子里种一些自己喜欢的望江南、朱顶红，每天乐此不疲地浇水、除草。春天一到，从翻地到播种，都是他一个人忙个不停，从不怕麻烦。最开始的时候我还不理解，觉得这些花不能吃也不能喝，费力气伺候它们有什么用呢？但是每年一入春夏，随着朱顶红的花一朵朵绽放，我们的小院也一下子变得有声有色，家里人的心情也跟着亮堂起来。父亲去世后，家里的花草不仅没有荒败，反而越来越茂盛，逢年过节更会多出五颜六色的花朵装扮这个家。不要奇怪，这是因为父亲在不知不觉之中感染了我，给了我发现美的眼睛，并且教会我用双手让生活之美绽放在细小的处处。

除了花草，父亲还喜欢动物。我清楚地记得，那是在1989年，家里来了一个新成员——一只精神抖擞的鹦鹉。就是这只鹦鹉给老人的生活增添了更多的乐趣——每天晨起的第一件事就是给鹦鹉"搞卫生"、清洗食罐水罐，再给它添水加食。一有空就反复地教它说话，比如"谢谢""拜拜"等。这只鹦鹉也不负众望，很快就学会了一些简单用语。

说一件趣事：一天家里来了病人，看到这么大这么漂亮的鹦鹉很好奇，就离得很近盯着看。鹦鹉的小眼睛也盯着他，仔细地观察，突然鹦鹉出声了："你好！"病人大吃一惊，第一次看到会说话的鸟啊！他不由自主地离鹦鹉更近了，想要摸一摸这只有意思的鸟。就在这个时候，鹦鹉扇动翅膀飞起来："你干什么！"这下可着着实实吓到了他，半天才缓过神来。后来他逢人就说薛大夫家的"神鸟"，鹦鹉自此也在街里街坊间出了名。这只美丽聪明的鹦鹉陪了老人七八年，它死了以后，老父亲用一个洁净的铁盒把它放进去，埋在了自家的院中。从那以后，老家的院子里就经常来喜鹊，父亲每次看到这些喜鹊都会说："鹦鹉回来看我了……"

父亲的一生，爱病人、爱生活、爱动物、爱植物，更爱自己的晚辈。小孩子尤是他的"眼中宝"，从上幼儿园到小学，孙子孙女都是爷爷接送，每天两个来回，风雨无阻。那时候，父亲已经八十岁了。孩子们和爷爷的感情都很深，每次被爸爸教训的时候，爷爷都是两个孩子的"挡箭牌"。孩子聪明得很，爸爸再凶，只要有爷爷在身边，也会压住火气，一个字也不会责备自己了。

我这位慈爱的父亲离开我们已经是第十五个年头了，最开始那两年每到做饭都会想起他，总是想着应该单做一份没有葱蒜的饭菜给父亲。孩子们慢慢长大，毕了业，留了学，有了自己的工作，也都组建了自己的家庭，还有了自己的孩子，所有的这些，经常会让我想到：如果父亲能看到，他一定很开心。生命就是这样一辈一辈在延续，但在我们身上，在孩子身上，偶尔有那么一瞬间总能看到他的影子，这位可爱的父亲，他其实从未离开过我们。

爸，今年年三十还会有您最爱吃的素馅饺子，像每年一样……

您的女儿 张玉凤

九、血脉：深情的怀念

1989年，父亲（右一）与儿媳张玉凤（左一）、孙子薛政（中后）、孙女薛燕苹（中前）在公园游玩

1991年秋天，儿媳张玉凤在父亲的指导下，将自己培植的朱顶红送与我的伯父伯母观赏，本图即父亲（右）和儿媳张玉凤（中）、孙女薛燕苹（左）在伯父院中

从其一生，平处其世

我从小是爷爷带大的，我们谁也离不开谁。从我五岁开始，就跟爷爷一起同住一屋。直到他身体越来越不好，只能住在国医院，直到再不能回家……

在我很小的时候，家人都生活在农村，那时候爷爷虽然已经年逾古稀，但身体还很健朗，依然在给慕名而来的人看病。他每日晨起洒扫庭院、浇花、喂鸟，而后打一套陈氏太极，之后便开始接待病人。上午总会有一些十里八村的患者来诊。他待人和善，无论长幼妍媸，皆是以"您"相称，无论看什么病都很是细致，把病情问得详尽无遗。面对情绪低落甚或沉重的患者，他总能以益友之态处之，使人放松心神，乐于交流，每每言谈之中传来会心的笑声。患者临走，爷爷必出门相送，让人颇受他仁爱之风的感动。

【与爷爷的相处之乐】

爷爷非常喜爱交友，他经常带我去拜访他的老友，谈笑风生中尤喜论昔年之事。爷爷总是神采奕奕，眼光传神。即便当时很小的我，也能感受到爷爷与朋友们相处时的快乐。

有两件小事，让我在想到爷爷的时候，常会禁不住地微笑。一件是我小时候养了一只大花猫，请爷爷给取个名字，爷爷说："就叫'侠儿'吧。"我有点奇怪，问他原因，他笑道："南侠不是叫御猫吗？"呵呵，原来他想

九、血脉：深情的怀念

1983年父亲（右）与孙子薛政（左）在一起

父亲在家中与小宠物——猫咪侠儿嬉戏

九、血脉：深情的怀念

到御猫展昭了。

另一件事是关于流行歌曲。虽然爷爷不是很喜欢我录音机中放的那些流行音乐，但也从不干涉或拒绝，而会坐在那儿跟我一起听，却从不评头论足。有一次听到周华健的一首歌，爷爷竟然说："这个'歌唱家'唱的这首歌，还不错。"爷爷能给出这样的评价，我真是太开心了，不过我心里还是偷偷地笑爷爷把"流行歌手"称为"歌唱家"。

【绵延的细节之爱】

我从未见到过爷爷着急，在爷爷面前一切都显得那样云淡风轻，似乎没有什么事是值得着急的。唯一一次我见到他着急是因为我受伤。那次我幼儿园放学后去邻居家玩，不小心将手放到了炉火上的沸水中，烫出了好几个大水泡。我当时没哭，却是爷爷见到不哭的我，心痛得落了泪，催促父亲赶紧带我去医院——那是我印象中唯一一次爷爷着急的时候。此事过后，我就明白了，爷爷在乎我们超过他自己，只要我们都好好的，对他来说就足够了。

现在，我已成家立业，也有了自己的孩子，但我依然不愿和父母分开住，这是因为我受了爷爷的影响，在这家中，我时时刻刻亨受着无穷无尽的幸福。这也是爷爷留给我们精神上的宝贵财富。爷爷认为家庭最重要，没有什么事能好过一家人其乐融融地生活在一起。每到家人下班、放学之际，他时常会站在家门外等着我们回来。晚饭时间，家人相聚一堂，老人甚感欣慰，总会慨然而说："今生荣华富贵，前世种下福田。"

爷爷认为身教胜于言传，所以他对我们的教育总是渗透在他的一言一行中。他相信只要他做得足够好，我们也不会差。他对自己要求很严格，却从不对我们要求什么,更不用说打骂我们了,永远都是和颜悦色、温言软语。爷爷甚至尊重我们小孩子的喜好——在我很小的时候他就已经不把我当孩子,而当成朋友那样对待和说话了。后来我成家了,有了自己的儿子,有时会难以自控地责骂儿子——方才意识到,想做到爷爷那样,实在太不容易了。

有一次,全家坐在一起吃饭,那时爷爷已经不在,我多么希望能够像从前一样,全家所有人坐在一起吃饭。但是五岁的儿子正值调皮的年龄,只是在一边玩耍,不肯过来坐下吃饭,我便忍不住对他大声责骂。父亲在一旁劝我,让我不禁想起了爷爷,如果是他,他一定会笑着说:"五岁的孩子正是玩儿的年龄,看他玩得多开心,那就等他玩累了再吃。"我努力地想做到像爷爷那样,顺应孩子的天性,检视自己的行为,做好孩子的榜样。

【最思亲处尽在家常】

每逢春节一大家人团圆的时候,也是爷爷最高兴的时候,平日不喝酒的他,都会跟父亲喝上两口小酒。一家人吃饭,爷爷会等大家都坐齐以后再动筷子。爷爷吃得简单,也吃得快,他先吃完,就坐在原处安静地看我们吃,仿佛这种享受让他无限满足。我上初中时,一个月只能回一次家,每次回到家,爷爷早已让妈妈准备了一大桌的好饭在等我。我吃得很香,爷爷会一直开心地看着我吃完,他的表情看上去比吃饱的我还要幸福。

那时候生活并不富裕,爷爷总把"一衣一食,当思来之不易"挂在嘴边,不着痕迹地提醒我们珍惜拥有。他辛辛苦苦攒下的钱,却从来不舍得花。那时候,他一个月大概有二百元的收入,一部分交给母亲作为家庭生活开支,而另一部分,他会每月定时存在银行。他在银行有两个账户,一

九、血脉：深情的怀念

个是存给我，一个是存给妹妹。

爷爷的柜子里整齐地摆放着各种各样在我们看来很"没用"的东西，他却不离不弃。小铁盒、1986年—1999年的挂历卷（国医院1986年成立）、字画、小物件……爷爷每天都会看看他们，他专注而深情的眼神，让我觉得爷爷似乎在和他们说话。即便之后他的眼睛因为病变而再也看不清这些物件，爷爷每日也会用他那双饱经风霜的手，摸摸他们。我时常想，可能这每个小物件的背后，都有爷爷说不完的故事吧！

爷爷有一块跟随了他几十年的怀表，放在他衣服左边的兜里，每天晚上十二点钟都会拿出来上次弦——夜间零点是新的一天开始，爷爷坚持在每天的第一时间给表上弦，除了保证时间的准确，还有一种与新一天同在的心愿。即便他的眼睛慢慢看不见，怀表再也无法告诉他时间，他依旧会按响父亲给他买的电子表报时，取出怀表，像和老朋友叙旧般仔仔细细地上弦。直到爷爷离开这个世界的时候，怀表依然躺在他的左兜，安静地转动，分秒不差。

许多时候，常常是一个小小的物件或者一个类似的场景，就会不经意地触动我原以为遗忘了的关于爷爷与我的往事。记得我参加高考前的一天晚上，睡在爷爷身边的我忽然被重重碰醒了——他做梦时挥起的胳膊正巧落在我身上。为这个无意识的"误打"，爷爷坐在床边自责了好久，一直愧疚地看着迷迷糊糊的我再次进入梦乡才安心。每次这件小事浮上心头，我依然会为爷爷对我的太多疼爱和那一夜他不必要的承受而难过。当记忆挟着思念的波澜而来，我往往控制不住自己的情感，甚至再不敢多想什么。

窗外，还是那几只青色房瓦上的鸟儿，在朝阳的映照下斜飞冲天，院中的玉兰花，沐浴着朝露开得正好，这是爷爷赞美过的花。

【终生享受学习乐趣】

无论生活多么艰难，爷爷从未停止过学习。那时候家里有三间西房——两间用来存储杂物、粮食，另外很小的一间就是爷爷用来读书、抄书、写书的地方。屋里的家什很是简陋，但却极其干净，"斯是陋室，惟吾德馨"，爷爷只有一张桌、一把椅、一支笔和几卷书，好似"身似菩提树，心如明镜台，时时勤拂拭，勿使惹尘埃"的真实写照。每到下午，他会一直坐在屋里读书学习，小时的我时常会去屋里看他写字，爷爷的小楷写得隽秀洒脱，字是如此，人亦是如此。年轻时所遭受的坎坷和打击，已被爷爷化为从容一笑；运动中失去他惜之如命的字画以及一些珍贵文物，他也已经释然。记得他搂着我的肩膀，微笑着对我说："正是因为失去的这些，才会让我更加珍惜现在所拥有的。"

爷爷年少志于医，历经波折苦难，却从容以待，笑看往事，从不后悔；他一生从医，孜孜不倦地为患者诊疾治病，把患者之疾苦肩负己任，普救含灵之苦。他终日花鸟怡情，清泉洗心，虚怀若谷，待人以恭。无论外物世易时移，他却总能"性定会心自远，身闲乐事偏多"。

1999年，爷爷的身体每况愈下，便住在了国医院，不再回家，他很少流露感情，却真的很喜欢这座医院。他每天都会挂着拐杖走遍这个仿古院落的每一个角落，伴着夕阳的余晖，听听屋檐鸟叫，闻闻院中花香，他的表情总是温暖而惬意。爷爷最后心念的这座医院在前辈同仁们和父亲的打理下，如一泓清涧，默默地流淌延续着。每当我们小有所成时，我都会想，要是爷爷在，能跟他分享，他该有多高兴呀！

我成长的二十年，是爷爷陪着我，平凡而又幸福地度过的。从我蹒跚学步到他挂起了拐杖；从他教我读书写字到他眼睛难以看清东西；从他抱

九、血脉：深情的怀念

着我看公园的风景到我搀扶着他流连于国医院的每个角落。他在别人眼中，或许是治病救人的良医，但在我眼中，他没有那么多光环，他只是疼我爱我的爷爷。

孙子　薛政

1991年夏，父亲（右）与孙子薛政（左）去密云白龙潭游玩时留影

1991年冬，全家游览龙庆峡冰灯时，父亲（左）与孙子薛政（右）、孙女薛燕苹（中）在萧太后城旧址前

国医薛培基

请时间停在那个早上

从我上小学后,都是爷爷每天去接我送我。我记得那个阳光明媚的清晨:他拉着我小小的手慢慢地向前走。我认真地盯着我们两个拉在一起的手,不服气地问他:"爷爷,为什么总是您拉着我呢?我也想像大人一样拉着您的手。"对于当时的我,拉着和被拉着是有很大区别的。爷爷笑着说:"好啊,那我就让你拉着。"我研究了很久,不停地变换着手的姿势,但不管我把手放在前面还是后面,总是处于被拉的状态。看到我噘起的嘴,爷爷说:"我有办法啦,你看我伸出一个手指,这样你就能拉着我的手指了。"我试了试,果然成功了!哈哈,我开心地又蹦又跳,爷爷的笑容好像也更灿烂了许多。

【成长路上爱的珍藏】

在我记忆中,爷爷好像永远都是那个样子:小小细细的眼睛一直在笑,花白的胡须也一直是那么长。从没看过爷爷情绪的起伏,他笑着对每一个人,甚至是我的同学们来到家里,爷爷也像对大人物一样认真地和他们聊天,问他们家里的情况。我以为他只是随口问一些无关紧要的事情,便常常开玩笑地问:"爷爷,您是调查户口的么?"可是第二次同学再来家里的时候,爷爷就会认真地问候上次聊过的他们家里的情况。原来,他问的每件事都记得,他对每一个人都认真相对,包括孩子。

爷爷总是很容易满足,也总是觉得我和哥哥是他的骄傲,哪怕只有一点成绩,他也会向周围所有人炫耀。上小学的时候老师留作业写作文,我

九、血脉：深情的怀念

1987年，父亲（右）与小孙女薛燕苹（左）在家中

1988年父亲（右）在家中与孙子薛政（左）、孙女薛燕苹（中）

写了一篇《我的家乡》，具体写了什么我早就不记得了，但我清楚地记得爷爷把我这篇作文放在家里的博古架上，家里每来一个客人爷爷都要拿给人家看，直到客人说出夸奖我的话。事实上不只我的这篇作文，我和哥哥所有的东西在爷爷那里都是宝贝，我们从小的各种证件、获奖证书、画过的画、有我们文章的报纸都一直被他锁在柜子里。小的时候看他把哪怕只有我们一点点印迹的小纸片认真地抚平，再郑重放进柜子，分门别类地收好，觉得自己就像个大人物一样，骄傲得不行。现在想起来那些小物件对他来说应该都是一种安慰，虽然他受过很多委屈、错过很多机会，但在他年老之后看到自己的儿孙还有那么多可能性，也许这样才能抚平他曾经有过的不甘吧。我一直坚信，是爷爷深厚的沉淀和积累孕育了父亲的成功，与此同时，每每听到父亲讲述爷爷年轻时的过往，我们都会感受到一种激励和动力，是爷爷在把我们向上推、向上举。我们只有努力地自己向上、用力才能对得起爷爷的满足、骄傲和炫耀。

【澄净自持有所乐】

爷爷很爱干净，他的衣服不多，但永远平平整整、干干净净。走在路上，他尽可能不踩土地，宁可绕很远的路也不愿让自己的鞋子染上尘土。小时候我不明白为什么，放学的路上总抄最近的路走，跑到前面再大声喊："爷爷，爷爷，快点啊，就从这里走吧，这边近！"爷爷不着急不着慌地回答："好，马上就来了……"却还是绕干净的路走。我偶尔不高兴，爷爷总会想到办法哄到我开心，他脑袋里有数不清的谜语，随便说一个我就能琢磨上半天，什么都忘了。麻屋子，红帐子，里面住个白胖子……

爷爷也不爱麻烦别人。晚年的时候他的眼睛得了黄斑变性病，看不清

九、血脉：深情的怀念

时间，却不想总问别人。父亲就给他买了一个可以报时的电子表，想起来他就会按下开关，然后把手表放在耳边。于是房间中经常能听到电子表报时的声音：现在时刻，某点某分。时间长了，甚至连家里的鹦鹉也学会了这个声音：某点某分……某点某分……

鹦鹉是我们家地位特殊的一员，爷爷在奶奶去世后十分孤单，父亲为了能让爷爷分散一下注意力就托人买了一只鹦鹉。它深得爷爷欢心："饮食起居"都是爷爷在亲自照料，平常的精细小米就不用说了，表现得好还能有瓜子花生打打牙祭。爷爷把一颗花生用手指捏着举到它面前，它就会用喙轻巧地叼走，咔咔咔咔，三下五除二就把皮剥开吐在一旁，红红的花生仁就进了自己的肚子，然后再轻拍翅膀拱拱脑袋，申请再来一颗。鹦鹉这么得宠是有原因的：它学各种声音简直惟妙惟肖：家里猫咪的叫声，妈妈叫"燕苹"的声音，还有各种打招呼的礼貌用语，简直就是语言天才！现在想起来，我是多么感谢这只鹦鹉呀，因为它带给了爷爷很多的快乐时光。

【回望美好的珍藏】

爷爷终究在一个夏天的夜晚永远地离开了我们。我不记得天气是不是炎热，也不记得院子里有没有蝉的鸣叫。只记得满屋子的人突然都哭了起来，爸爸更是抽泣地几次喘不上气来。可是看着躺在床上的老人，我觉得他跟平时睡着了并没有什么区别，还是那么平和，好像他随时都会醒过来，然后问我们：几点了？这是我清楚记事后第一次失去这么亲近的家人，这个家人是和我每天生活在一起的爷爷，是在我小时候受委屈了总是趴在他腿上哭的爷爷，是我还没来得及懂得孝顺他的爷爷，也是从此以后再也不会对着我笑的爷爷。

爷爷留给我的回忆里有各种美好的片段：那个拉着爷爷手指的孩子，那个把电子表凑在耳边的老人，那只在架子上踱步的鹦鹉，那篇被珍藏起来的作文……而那个小女孩与爷爷拉着手的片段总是在心中挥之不去，那时候的我想不到，等我长大后能够拉着他的手的时候，却很少能想起来用这种方式表达自己的情感。一直等到他生病后躺在病床上的时候，我拉着他似乎用不上力气的手才一次又一次想起这个情景。如果可以，我希望时间一直停在那个早上，永远用那个小女孩向上的目光注视那个无底线宠爱自己的老人，永远用小女孩的小手握着那个老人的大手。

孙女　薛燕苹

1993年夏天，全家去北戴河旅游时，在秦皇宫前留影（右一：我；右二：父亲；左二：我夫人张玉凤；左一：我女儿薛燕苹）

九、血脉：深情的怀念

附录：人生的边上

　　本书编辑过程中，许多精彩轶事因与主人公生平的直接关联性稍弱，而割爱于文本主体。但这些与亲眷至交的旧闻掌故却如沧海遗珠，在历史的风尘中熠熠生辉，其价值难泯，令人弃之不忍。

　　今值全文编就，特撷取补缀于此。敬谢展卷诸君，参照有关章节品读"堂外"絮语。

——编者

国医薛培基

[祖父衣事]

书中第一章第二节曾提到,我的祖父凭一手制衣的绝技名满京城,年仅二十七岁就成为了梨园界、文化界知名的服装技师,因此也为父亲日后与诸多艺界名宿结为师友无意间铺设了机缘。

祖父在学徒时,曾闹过一个笑话:一次在北京鲜鱼口,他看到一位中年男人身穿的长袍马褂很漂亮,无论是颜色的搭配,还是做工的精致程度,都很完美。那位先生不但穿着举止得体,而且服饰与其人的气度也格外协调,祖父看得简直着迷了。于是他就跟在这位先生后边,前后左右地打量,怎么也找不到一点瑕疵,不知不觉跟着人家从鲜鱼口一直到了西珠市口。

那位先生进了澡堂子,他也不错眼珠地跟进去了,并且还随人家一起进了泡澡池。祖父原来以为是这个人的身材太匀称了,所以穿衣服才那么挺括妥帖。哪料这位先生脱去衣服的时候,竟发现原来身体骨瘦如柴,而且中度驼背,右肩背上还有鸡蛋大的一个包!祖父没有想到,盯着看了人家一路,却完全没看出这人身体的缺陷。他身体的缺陷在合身衣服的"包装"衬托下,完全被遮掩了,甚至被修饰得如此完美!

在好奇心和好学心的驱使下,祖父主动靠近了这位先生,想问人家的衣服是在哪里做的。这位先生看见眼前的年轻人,先对祖父说了话:"小伙子,你跟我这么半天了有什么事吗?"祖父吓了一跳,心想人家已经发现我在跟人家了,却始终那么若无其事,这人也太沉得住气了!祖父定了定神,就实话实说了:"我是谦祥益绸缎庄的学徒,看到您穿的衣服太美了,就跟您到这儿来了,我想问问您的衣服是在哪里做的?"那位先生听后一笑,

九、血脉：深情的怀念

很和气地说："你这年轻人挺有意思，我的衣服是自己做的，因为外边做的衣服我穿着都不太合适。"

聊了一会儿后，祖父才知道这位先生是上海一家戏班的服装师，因为父母在北京居住，这次来北京是为了探亲，顺便买回点布料。当服装师得知祖父是谦祥益的学徒后，他们谈得很投机。后来祖父还专门到上海去拜访过这位前辈。祖父从这位戏班服装师那里学了很多关于服装的常识和技能。这位师傅姓郑，祖籍河北。他告诉祖父：做戏装是最难的，因演员在舞台上的各种动作和演员自身的条件、所扮角色等，每一细节都有极为讲究的要求。所以他从小在上海戏装店当学徒，练就了一身手、眼、神的硬功夫和软功夫，自己肩背的鼓包即是长期持剪刀练出来的职业病。

在他的引荐下，祖父在京城梨园界结识了很多朋友，经常有机会观摩戏装的制作过程，从那里得到一些名家的身材信息资料。由于年轻好学加之天赋，祖父的制衣绝技名声越来越大，谦祥益绸缎庄也因他的为人和手艺而增加了可观的业务量。

[师生缘中缘]

父亲在华北国医学院读书时，因在育和堂学徒八年的功底，所以每逢上《分类实用药物学》这门课时，都会被主讲的顾膺陀先生注意到——无论是所提问题还是回答问题都明显比其他同学更有心得（参看本书第三章第二节）。

不仅如此，顾膺陀先生还渐渐发现这个学生在性格和兴趣爱好方面也与自己有很多相似的地方。后来父亲留校任课《分类实用药物学》后，与顾先生因工作关系而走得更近了，两人经常一起喝茶谈天，交流任教体会等。意想不到的是，师生二人由此又叙出了另一段奇缘。

顾先生是无锡人，当他得知父亲从小是在舅舅朱佩经开设的育和堂学药行时，提到自己年轻时也是在药堂学药，并且东家也姓朱，原籍是浙江绍兴。事情有时确实很奇妙，一旦缘分到了，就会有许多不可思议出现——二人进一步交流得知，顾先生的师父叫朱恩德；父亲的舅舅，佩经是字，名叫恩论。后来父亲将此事告知了舅公朱佩经，经查询家谱，朱氏确实有一支在无锡开设药堂。无锡是朱氏第十五支脉，顺义是第十七支脉。

父亲兴奋地将这个发现告诉顾先生后，先生风趣地说："如此说来，我还是你的学长呢！咱们两个是师兄弟关系，以后你不能叫我老师了！"日后两人愈发形影不离了。

九、血脉：深情的怀念

[药物学课程的接班人]

父亲求学于华北国医学院期间，富雪厂、顾膺陀二位先生最是对父亲喜爱有加，成了亦师亦友的关系。由于父亲和两位先生在学校来往较为密切，他们又都是爱才并襟怀无私的前辈，并发自内心地喜欢父亲的勤奋好学和温厚的性格，便将自己的学术经验以及教学方法毫无保留地传予父亲。二人虽未曾明确提过，但内心都期望他能成为传承自己学术的（接班）人。

父亲身在其中，只是感到学得特别过瘾，其他也没有察觉到什么。就在父亲毕业前夕，代理院长黄济国先生先后收到富雪厂、顾膺陀二位先生向院方递交的希望父亲留校任教的报告，内容当然是富先生希望父亲教《温病学》，顾先生希望父亲任教《分类实用药物学》。二位老师都认为父亲是自己最好的接班人。

后来黄院长和教务长魏叔和先生对父亲进行考察，发现父亲确实具备两位先生接班人的条件，也分不出更倾向哪一科。最后征求父亲意见，愿教哪一科。父亲确实有些为难了，最后还是安幹青先生提出的建议被校方采纳——先让父亲分别试讲两门课程，最后听同学们的意见，看哪一门课程更受欢迎。

通过几次试讲，发现父亲还是讲药物学更为生动活泼，其原因是父亲在育和堂有八年的药学实践基础。最后校方尊重了试讲结果，决定父亲留校讲授《分类实用药物学》课程。

当父亲决定留校任教《分类实用药物学》后，他萌生了一个想法，对当时北京各大药店进行实地考察，了解北京地区的用药特点和各药行的货品供应渠道，以及同一种药材，各家的不同炮制工艺方法和质量的分别等。然后将调查结果在讲课时告知学生，以便为他们将来临床处方时用药提供实用信息，这样就可以丰富《分类实用药物学》"实用"二字的内容。

父亲的同班好友刘琛得知后，主动提出愿陪父亲走访各大药堂。因为他在几家大药店有熟人朋友，这样就可以相互介绍，获得第一手信息。同时还有一位田善之先生，是父亲在育和堂因业务关系认识的，他是东、西、南、北庆仁堂的总采购负责人。三位好朋友利用业余时间，从北京各大、小药店收集了大量有价值的信息，同时也丰富了《分类实用药物学》的教学内容，得到了校方和同学们的一致好评和赞同。为此，三个好朋友也结下了深厚的友谊。（此则与书中第三章第二节互见）

[终生不失是我的薛大哥]

在父亲的华北国医学院毕业留言本上，有这样一句话："终生不失是我的薛大哥"，落款是马继兴。父亲和马继兴是大学四年的同窗，也是对《中国医学史》课志趣相投的爱好者。马继兴先生的祖父曾任山东省省长，家学深厚。他为人谦恭，在全班同学中，学习也最为刻苦。

据父亲讲，他俩的结缘始于一次讨论"关于中国针灸发展源流故事"。马继兴先生准备写一篇"微针探源"论文。他知道父亲是陈垣先生的学生，又有收集古文献的喜好，在一天放学时，他找到父亲说明了自己的想法，希望能和父亲一起讨论此事。父亲听后，也有兴趣和马先生交流这方面的知识。因父亲当年在辅仁读书时，曾认识几位国立图书馆和辅仁大学图书馆的工作人员，并一直有来往。于是根据马先生所列书目和问题排录，用了近一年时间，同他去图书馆和琉璃厂的旧书店查阅和购买相关资料文献。马先生也对父亲的"北京药店调研"资料整理给予了大量支持和帮助。

马继兴先生凭借深厚的学术功底和一生坚持不懈的研究，他老人家已是驰名中外的医史文献的泰斗级人物，为中国医学发展史研究做出了杰出的贡献。直到父亲去世，两人一直保持着挚友的交往。

[眼处心生句自神]

父亲自七岁在蒙师罗复堪先生的指导下临帖，一生与笔墨为亲。尤其幸运的是以书为媒，得到过数位名家点拨和赐予墨宝。本书第四章第五节相涉的一则故事是：

萧龙友先生与寿石工先生是挚友。一次，父亲偶得一些上等龙井，因知道寿先生最喜饮龙井茶，便亲自给寿先生送过去品尝。正好遇上寿先生和夫人宋君方先生（善绘事，能治印。石工病逝，宋夫人乞徐悲鸿书墓碑，闻以珍藏梁山舟著书墨为报云）以及溥儒先生、萧龙友先生在一起谈论诗词。溥、萧二位前辈从寿先生夫妇的表情中看出，他们对父亲的关爱不同于一般师友关系。

萧先生问父亲："我听寿先生说，你很喜欢书法，并且写得还不错。你喜欢写诗吗？"

父亲赶紧站起来，答道："学生很惭愧，只是喜欢，但不懂。"

萧老笑了，"学习书法一定要写自己的文章。总在临习前人诗句，初学时尚可，久而为之，不过书匠而已。"

坐在一旁的溥儒先生接过萧老的话："萧先生所言极是。学好书法，首先要有深厚的文学基础，若能随时把生活中的感悟及时捕捉下来，可称得上是精彩文章。"

寿先生起身对二位先生说："二位讲得太妙了！培基是我的忘年交，也是我生命的护卫者，能否烦请二位老师恩赐墨宝给我这位小友啊？"

溥、萧二位前辈欣然允诺，萧老幽默而机智地说："只是我们都没带印章。"

溥先生说:"是啊,石工先生给予补章吧!"

寿先生见二位先生兴致甚好,也很高兴,"我来补章——现在就刻。"父亲的喜悦心情自不必说,赶紧为二位前辈铺纸、研磨。

萧老问寿先生:"有现成的扇子吗?我想写一扇面。"寿先生从抽屉里取出几轴纸扇,让萧老选。

父亲见寿先生的文房准备得非常齐全,很是感慨。于是,父亲也受了影响——我们家里可能家什不甚齐全,但凡是读书写字所需,却是应有尽有。

溥先生为父亲写的是:"苍苔一尺行蜗篆,古树孤邨认鹤巢。"

萧老为父亲写的是:"心画心声总失真,文章仍复见为人。高情千古闲居赋,争信安仁择路尘。慷慨歌谣绝不传,穷庐一曲本天然。中妙万古英雄气,也到阴山敕勒川。沉案横驰翰墨场,风流初不废齐梁。论功若准平吴例,合著黄金铸子昂。眼处心生句自神,暗中摸索总兆真。壬午辑五先生之嘱。玄玄老人萧方骏。"

父亲分别向老师们鞠躬致谢。正是这次与萧龙友先生的翰墨缘,父亲成为了西城兵马司胡同萧老家的常客。

[施老是中医革新的大家]

施今墨先生是对父亲的"中西汇通"治学思想影响深远的大家。施老在五十年代无偿捐献给同仁堂的十大秘方,均以西医病名作为中药命名,如神经衰弱丸、气管炎咳嗽痰喘丸、皮肤病血毒丸、高血压速降丸等。父亲直到晚年,对此事依然津津乐道。

施今墨先生创办华北国医学院后,发现讲课的老师们有的讲课很好,文章也写得漂亮,但在看病时,常常不能将理论应用于临床,甚或有时看病与自己所讲理论对不上号;有些临床看病疗效很好,却讲不出来,当学生提出问题时,常常是老师自觉讲得头头是道,但学生满头雾水;也有少数老师既会讲课,病也看得好,写出的文章学生们也争相阅读……所以施先生提倡学院培养出来的学生一定要懂理论、会看病,而且自己看好的病人,还要能准确地表达和交流。自己看不好、不会看的病要学会如何探索解决的方法。

于是施先生经与同仁们研究,提出两项主张:一项是学校附设诊所,包括老师们的私人诊所作为学生的见习基地,其方法是双向选择随师看病。当时称之为"早临床,多临床"。另一项主张是培养学生发现问题、提出问题、总结经验,培养继承和创新的意识与能力,将自己所历所学的知识能用文字、语言表达出来。

同时,由施先生任董事长、董德懋先生任社长,学校又于1936年创办两个刊物以丰富授业渠道。一本是《文医》半月刊,另一本是《国医周刊》。在校师生及全国中医工作者均可投稿,并要求学生根据自己在听课、随诊中的问题作为采访老师的题目,然后将整理好的文章发表在刊物上,如此培养锻炼学生的能力等。

  作为中医革新意识强烈的先行者，施先生要求学生们中西医兼学，学校中西课程设置比例为 7:3。其本人在看病时自三十年代始使用血压表、听诊器、体温计，加之西医院的出现，很多西医已经确诊的疾病，和施先生在临床中遇有典型西医病证的，他常嘱患者到西医院明确诊断后，再采用中医治疗，从而探求中西发病机理的暗合之处，并在中医辨证施治的原则基础上寻求现代医理药理。如科学地创出：黄芪配山药，苍术配元参降血尿糖；苍术、黄柏、知母相配降尿酸等。我的老师祝谌予先生在三十年代编著的《祝选施今墨医案》均以西医病名诊断，中医辨证选方用药，而开创中医医案创新之先河。（参见本书第四章第六节）

[陈垣先生"揭秘"]

陈垣先生是父亲一生念念不忘的恩人,亦师亦父亦知音。从求学期间对学业的引领到生命不同时期的生活关怀,陈先生不失为父亲命运的"燃灯者"。他教诲父亲:"不要只会关心别人,要学会疼爱自己。作为一名医生,首先是自己少得病,才有资格为别人看病……我只是担心你的身体。你对学习太投入了,年轻人要学会玩儿啊!学会休闲也是一种学习,更是一种能力!"这些话,后来父亲也常常语重心长地提醒我和孩子们。

有一次,陈先生跟父亲聊起在朱壶山先生家拜师一事,对父亲嘉许之余也揭开了顺利被朱先生接纳的"秘密"。原来,当安幹青先生把父亲介绍给朱先生时,老人表示山门已闭不再收徒。尽管安先生费尽口舌,壶山先生还是没答应。安先生担心这个消息影响父亲的情绪,于是把《壶山诗集》送给他读。没想到父亲对诗集产生了浓厚的兴趣,两周就抄录完毕,不但字迹工整,而且字体也与朱先生的神似,还把诗中用典一一标注了出处。

陈垣先生对父亲说:"安先生觉得你向朱先生学习,更可以将你所学历史知识和中医理论有机地联系起来。于是约我同去说服朱先生收下你,因我和朱先生也是好朋友,经常一起讨论诗词——朱先生是研究伤寒的,曾有一段时间我们对张仲景的成书背景和大论文法进行过探讨;朱先生的学问非常广博,研究仲景学说已然入化——没想到,当我俩一起去见朱先生,说到你是我的学生时,他竟爽快地答应了。于是我们才商定那天的拜师仪式,但依安先生建议设了个考验:我们几个人在书房一边聊天一边观察你在久候之下会怎样。没想到你在朱家的门房边等边看了两个小时的书,竟

九、血脉：深情的怀念

然没有一点儿焦躁！"

说到这里，陈先生好奇地问："你当时在看什么书？那么投入！"父亲解释，自己利用等候的时间在检查所抄写的《壶山诗集》是否有多字、少字或错别字，没想到越读越兴奋，早把等候的事给忘了，要不是师兄去叫他，他还正读得起劲呢。

陈先生继续"起底"："安先生不时看朱先生的表情，朱先生虽然脾气古怪、话不多，但可以看出很满意你这个年轻人。就这么观察了你两个钟头，才淡淡地说：'这个徒弟我收下了。'所以那天你一进书房，施先生就告诉你被'录取'了"。自此父亲才恍然明了第一次拜朱壶山先生为师的个中曲折。（参看书中第五章第二节）

[观画如遥诊]

在本书第五章多处提及父亲的书画之交与人文素养，比如他有一个特别之处，就是可以通过书画作品洞察画家身体的特点和健康状况。例如有一次我陪父亲去看黄宾虹先生的画展，当看到其晚期创作的《桃花溪》时，我就看不出兴趣来，总觉得整幅画用墨较多，尤其画中群山用墨之复，真可谓密不容针，看后让人甚至有一种胃脘堵满的感觉。

没想到父亲听了我的抱怨后，不但没有批评我，反而用称赞的语气说了一句："你的感觉是对的，从这张画来看，黄先生可能有胃病了。"我一听，兴趣就来了，赶紧问父亲何出此言。

父亲告诉我："你看山中的小房子有些模糊，周围生满丛木野草，这个小房子就好像人的胃部无法洁净一样，失去了'和降'的功能。人的思维、行为和习惯常常与脏腑功能有关。换句话说，当人在某一生理功能发生变化时，其外在的表现，包括作品传递的信息亦难免有相应的体现……"

若干年后，我从黄宾虹先生的传记中了解到黄先生晚年逝于胃病。随着我对此研究的兴趣加深，我身边书画界的患者朋友也越来越多了。因此，对职业习惯与健康关系的关注也成为了我自己的行医风格。

九、血脉：深情的怀念

[知子莫如父]

父亲是一位谦逊、平和又很自信的人。本书第六章第九节记述了父亲对自己医术的惊人自信，其实，这种自信对于自己的孩子亦复如是。

记得在我初中毕业后不久，回到农村参加劳动。当时高考中断，像我这样家庭出身的人，只能踏踏实实地参加生产队劳动，要想走自己喜欢的学医道路，简直是天方夜谭。

我所在的村庄是远近闻名的穷村，每天劳动的日值只有几分钱。在当时唯一有点"钱景"的，就是学习瓦工、木工。于是那段时间我对学医的志向发生了动摇，也没有跟父亲商量，就和我大伯家的哥哥学木工去了。因为做木工活儿不仅可以得到正常工分，每天还可以拿到五角钱的提成，这在当时已经是最高待遇了。

母亲得知我学木工的消息后，很是着急，就对父亲说："你得赶紧劝劝这孩子，别让他学木工了，学木工将来不就学不成医了吗？他身体又那么单薄，怎么受得了那么重的粗活儿啊！"父亲却丝毫不着急，还劝母亲："你不用着急，他不是学木工的料，用不了多久，你就等着他自己回头吧。"

知子莫如父。我学习木工不过十八天半，就因实在适应不了那种师徒间的状况，又转回父亲身边学习我喜欢的中医了。事后母亲对我讲："你爸爸真是了不起，他对我说过：'福玉首先有学中医的天赋，再加上从小我对他灌输的都是学医信息，他从骨子里就没有学木工的条件。'"正如父亲所言，我对中医的天然情怀割也割不断。

[廉简用药不超九味]

父亲在农村行医四十年，积累了大量药简、量轻、价廉、效佳的良方，逐渐形成了他特有的行医风格。不仅对一些急重病如此，即使对一些疑难慢性病的治疗，他的处方也很少超过九味药，最贵重的也不过是党参、黄芪等常见药。

1963年春，邻村有一梁姓家长子，年十八，患鼻出血病，经西医诊为"再生障碍性贫血"。西医给予大剂量激素和输血治疗，并建议迅速切除脾脏，以暂缓性命。由于当时要收八百元押金，梁家经济拮据，实在拿不出如此巨款。变卖家中唯一的一口水井，换回一百多元钱，又维持了一段输血费用，最后无奈回家准备后事。病人的老父亲万般焦虑中竟突发心梗离世。苦了他的母亲，除了要照顾病危的儿子，还有三个正在上小学的女儿，生活因此陷入极度困苦之中。病人回到家后，其母到处延请中医给予治疗，所用药大多是些人参、三七、羚羊角、藏红花等贵重药品，经服数日，病人日渐衰微，家中已堆债如山。后来，听闻父亲擅治血液病，病人本人和其母亲均已丧失治疗信念，还是一位热心的街坊主动代病人家属来请父亲，以图万一之希望。父亲到了病人家中后，闻见屋中充满血腥味，病人两个鼻孔塞着棉花，面色黄肿，闭目不欲见人。据其母亲讲，病人每日鼻出血不止，只要一换棉花就会流出大量血块。完全没有食欲，大便数日一解，味腥臭秽。小便亦很少。父亲诊后，给开了三副药，去药店取回药，每剂药合六分钱。病人不肯服，并发脾气说："大医院花了那么多钱都没治好我的病，六分钱的药能有什么用？"在家人和街坊的百般劝说下，才勉强服下父亲开的药。没想到的是，服完第一剂后，鼻血即大为减少，拔掉

九、血脉：深情的怀念

棉花仅渗出少量黄色液体。服完三剂药后，小便数下，色如橙汁，尿道灼热逼人，而鼻窍舒润，鼻血全止，浑身舒泰，出现前所未有之佳况。随后又加减治疗一年余，各项指标均转正常。其人现已七十余岁，仍然健在，家中已是儿孙满堂，其乐融融。

对此我甚为不解，请教父亲所用何药如此价廉而效速。父亲说："大多数人一见出血，便去止血、养血、生血，其实是因瘀生热，淫于血脉，补之无益，反增内热，更助出血。我采用的是釜底抽薪法，所用方药是透转血中郁热，兼以凉血散瘀，瘀热从小便清出。邪有出路，血脉安宁，瘀血凉化，无须止血，而血自归经；无须补血，而新血自生。所用药物不过是芥穗炭、川军、白芨、白芍、茅根、芦根、生甘草等，另取童子便代水煎药而已。"

有很多时候，在一般医生认为有一些病是没有治疗的必要了。但在父亲看来，作为医生，只要病家有需求，医生自己是不应该限定框框的。1994年，我的伯母突发两耳失聪，邀我给予治疗。我当时想，人都已八十四岁高龄，耳聋实属常态。于是我就给老人家买了一个助听器，自觉也是尽了孝心。刚开始用上，老人很高兴。但因其年迈，常误触调节装置，声音时大时小，老人甚为难受。随后请父亲给予诊治。父亲平脉观舌后，思忖片刻，随即回家取银翘解毒丸让伯母服用，每次半丸，每日二次。仅服两丸药，其症若失，耳聪如初。我甚为惊奇，求教于父亲，父亲告诉我："老人耳聋若是渐渐发病，属衰老之象，难以挽回。你伯母的耳聋是突发的，且舌尖红，右寸脉略浮，是风热外感病毒所致，非彼老化之耳聋，病在上焦属肺，所以我用耳聋治肺法而获效。之所以用轻量，是取上焦如羽，非轻不举之意。"寥寥数语，道破理真术效之妙。后我曾遇一安徽故友父亲，患突发耳聋,经审证候,与伯母案有类象,忆及此事,亦嘱其服用银翘解毒丸,三日而愈。

本村街坊程家有年轻夫妇,婚后久久不孕,经多方求治,后连怀数胎,均于孕后一二个月胎停育而致流产。经医院检查男女双方未见明显异常。全家为此焦急万分,万般无奈,求治于父亲。父亲用自拟五豆汤(黑豆、黄豆、白扁豆、绿豆、红小豆)煎汤代水,入四物汤加菟丝子、益母草、木香等药,服药二月后怀孕,又以川断、黄芩、白术、山药、枸杞子等加减保胎。前后二胎均用是法而得以顺利足月生产。现两个孩子都已结婚生子。

我当时不解用五豆之缘由,父亲告诉我:"经言'五脏气足,乃能有子'。用五豆入五脏,以助其五脏五体,故能得育。"父亲的平易中见神奇激发了我对生殖健康不懈的研究兴趣,经数十年验证和查阅相关文献,探求其中所以然。后来得知父亲所用五豆确有促进生殖激素分泌,增加能量营养的作用。

父亲晚年的用方,几至于羚羊挂角,无迹可寻之境。他用药极平常,大多是茯苓、白术之类寻常药物,却有"奇方奇术平和见奇"之效。细细审来,父亲晚年的用方仍保留了两个特色:一是施师的对药;二是青主遗风——君药量大而余药量轻,君臣分明。如曾治某街坊踝部软组织扭伤,父亲用牛膝60克,麻黄1克治之,效果颇佳——可以说,本书第六章所记案例与本篇的几例故事仅为父亲"简方巧治大病"的寥寥星辰。

九、血脉：深情的怀念

[与跳蚤臭虫为伍中学习]

第八章《求知所得，如药如粮》一节，记述了父亲在农村向传奇人物"秦先生"学习因地制宜的绝活儿经历。事实上，父亲虽然在那个阶段获得了很多宝贵经验，却也受了不少委屈——秦先生从宫里的优越生活一下子沦落到乡间过起讨要日子，虽说豁达看待人生，但性情不免变化，脾气时好时坏甚为古怪。父亲在与其交谈时尽管小心翼翼，但偶尔不知哪句话触犯，秦先生就会瞬间变脸，场面十分尴尬。

还有，因秦先生的住处常去一些贫苦的讨饭人，卫生条件十分低劣。一向讲究卫生的父亲，每次从先生那儿回来身上都会"感染"一些秽味，甚至还会有跳蚤、臭虫之类的寄生虫带回家，那时母亲就不得不从里到外地为父亲清理换洗。尽管这样，父亲仍然坚持向秦先生学习，并始终敬重这位老人。

[一家人相依为命]

父亲在"反右"、四清、文化大革命连续二十年的运动中，每一次都是专政的对象。那段时期，他每天除了参加繁重的劳动改造外，还要接受连续不断的审查和批判，递交各类莫名的检讨材料，一天到晚都是在身心极度疲惫中度过。日常家务都落在了瘦弱的母亲肩上。

我那时还小，祖母也已年迈，眼看母亲日夜操劳，父亲虽力不能及却每每温情慰藉，使我对"相依为命"这个词有了至深、别样的体悟。母亲对父亲总是无怨无悔地奉献和照顾，对家里生活的具体困难从来都是一人承担，尽量不让父亲操一点心。那时每家一到春天都会粮食不够吃，母亲总是千方百计地克服和解决。面对日渐消瘦和疲困的母亲，父亲时常乐观劝慰："不要为粮食的事太着急，咱们比那些强壮劳动力的饭量小很多，只要别人能过去，我们就过得去……"那些难忘的岁月，困苦带来的磨难却被父母的坚韧和温情轻轻克化，让年幼的我感受到苦难无法夺走的希望和美好。

当时我们全家被遣送到顺义县最古老的一个村庄，据说为舜帝所设十二牧之一，父亲在那里劳动改造。在农业学大寨时代，身体强壮的劳动力一天也只能挣三四毛钱，最低的那年（1976年）一个劳动日值只有九分六的收入。因为父亲不会干庄稼活，加之身体比较瘦弱，所以每天只能按二等女劳动力记工分。最差的那年，父母亲两个人劳动一天，只能得到一毛多钱的收入，扣除全家四口人的口粮款和平日生产队所分配的柴火等生活必需品外，当年还要欠生产队六十多元钱！母亲每天不但为父亲的"政治问题"担惊受怕，还要从事繁重的体力劳动，所幸倒还没有什么大病。为了不让父亲着急，母亲每天还要精心照顾好奶奶和我的饮食起居，她近一米七的身高，那时体重却不足四十公斤。（取自本书第九章第二节）

九、血脉：深情的怀念

[答案早就准备好了]

　　我大概十五岁到三十岁的时候，开始渐渐觉得自己知识多了，甚至有很多事儿，是我知道，而父亲不知道的。在这个时候，我拿自认为知道的，去问父亲是怎么回事，当我表示不满意父亲的答案时，父亲并不勉强解释，只是会认真地听我"显摆"。我能感觉到，他不是敷衍我，是真的很认真地听。听完了以后再给我提问题，我再给他解释，一开始没太注意，后来我才发现，有的时候他是知道的。他发现问题，有意给提出来锻炼我。当我的解释他满意了，就会给我鼓励，说："你说的这个好，我怎么没有想到呢。"作为一个年轻人，我就会感觉很得意。如果我解释不清楚，他会说，"你再查查书"，或者"咱们再了解了解这事儿"。同时他也会去找一些相关资料佐证，找到后还是不说，让我先说。父亲常讲："当一个人的观点很成熟，或者自认为很成熟的时候，不要上来就不停地说，一定要给别人说话的机会，否则别人不愿意讲了，你就丢掉很多东西。"

　　很多人初学医的时候，对自己是没有底的，我也是。有一次，治疗一个患盆腔炎的中年女性，她主要的表现是发烧——体温39.7℃，肚子疼、腰疼，白带间夹有血丝。我没敢一上来就给开七剂药，对病人说我给您一剂药，您先吃试试看。病人吃完一剂药，高烧迅速由39.7℃降到了38.5℃，所有的症状都明显改善。我接着又开了一个方子说，您再吃两剂。她体温降到了37.3℃，所有的症状也进一步好转了。复查血常规的时候，白细胞也从一万三降到了八千，但是白细胞里面，有一项叫中性粒细胞的，反而上升了。这时候据我了解的西医知识来讲，如果单从这张化验单上看，病人炎症并没有完全消退，因为中性细胞还高呢。但我不明白，为什么白血球已经降至正常了，中性反而还高，于是就去向父亲请教。

父亲思考以后，给我提了两个问题。一是有没有注意到病人的脉象和过去对比，跳的次数减少了。另外，脉象分浮、中、沉三部，在轻按的时候，是否觉得脉还跳得挺好，但是稍微一中按的时候，却感觉不足？他特别强调，从中医的角度，在脉上应该对这个人治疗前后有对比。如果这个病人发烧39.7℃，那手指头按在脉上，浮、中、沉都是有力的。病人烧已经退了，白血球也已经下降了，脉就应该没有那么旺盛了。

父亲的解释，是因为这个时候，身体的病邪已经退去了。从中医的角度讲，正气与邪气抗争的时候，脉象就会洪数。病好后再按，稍微用点力就会感觉不足。再一个，这个病人是否又出现了一些看病之前没有的症状？他说到这儿我就懵了。

我们看病的习惯大都是：病人一来，先问诊，把诸多不舒服都记上，等吃完药以后，检视哪些症状减轻。原来问过的，还会再问；原来没问的，往往就想不起来问。相反，有的时候病人会说服药后出现了一些原来没有的症状。比如病人发高烧的时候是没有汗的，当汗发出来了，烧退了，病人反而有怕风的感觉了。父亲给我提的这两个问题，我还真是没有太注意到。病人第三次复诊时，穿的衣服确实比前两次来的时候多，这应该是怕风的迹象。我赶紧给病人打电话，询问情况并嘱咐说："您明天早晨一定来找我，我给你改方子。"第二天我一平患者的脉，一问症状，和父亲说的基本一样。我父亲说中性粒细胞的升高，不是炎性的反映，而是邪气去掉以后，人体的正气在恢复。这个我从当时所掌握的西医知识里是没找到答案的。

我父亲不是西医大夫，他只是通过这个现象去分析。后来我又向检验

九、血脉：深情的怀念

科的同仁咨询，证实了有很多急性热病发烧过后，会出现中性粒细胞还高的现象，只是一般医生没有做解释。通过这一个病例能够看出来，这时中性粒细胞增加是人体正气恢复的反映，证明父亲的判断是对的。我们再看这类病的时候，认识上就有了一种跨越。当感冒症状已经消除，中性还高的时候就应该用一些扶正药。于是我开了一张方子，叫黄芪建中汤。病人用完药后，血象正常了，脉也平和了。

　　父亲告诉我，很多医生看病，只注意病人转佳的表现，但是实际上，还有很多病人在治疗过程中，出现一些代偿性的表现。所谓的代偿功能，就是一个脏器的功能衰弱了，另一个脏器会发生一定程度的补偿。还有一些表现是向好的方面发展、转愈的现象。在《伤寒论》中就有这样的例子，到感冒后期，病人鼻子流血了，有的人会认为，是吃的药太热，上火了。可是在《伤寒论》上有明确的记载，这叫红汗，也是肺部邪气出来的表现。出现鼻子流血，病人的感冒很快就减轻了。还有很多外感咳嗽病人，开始咳嗽，痰是稀白的，到后来就变成块了，变成黄色了。很多人认为患者有热了，实际上不是，这也是向愈的表现……我四十岁以后，如果在看病时有一些搞不清楚的问题，每次去向父亲请教，老人家好像早已事先为我准备好了答案一样。（源于第九章第二节《亦父亦师亦友》）

『全本完』

国医薛培基

薛培基先生生平记事

1915年6月29日（农历五月十七）
出生在北京和平门琉璃厂东街东北园胡同，一户以裁缝为生、尚诗书的普通人家。

1917年　2岁
受其父薛新一的教导和影响，已会背《三字经》《百家姓》等小书。

1919年　4岁
向其父亲学写毛笔字，渐养成抄写古籍的终生习惯。

1920年秋　5岁
拜章草名家罗复堪先生为启蒙之师。

1922年—1927年　7～12岁
在罗复堪先生指导下，临摹日常实用价值最高的小楷名帖。同时学习《史记》等基础文化知识，养成勤学好问的终生习惯。

1927年　12岁
进入通州潞河中学初中预科班学习。

1930年　15岁
初中毕业后，因成绩优异被保荐至北京四中读高中。

1931年　16岁
高二年级时，因家中经济状况日下，含泪辍学。

1931年—1939年　16～24岁
到舅舅朱佩经先生经营的顺义育和堂药店学徒。经长达8年的严格训练，掌握了药学、临床学的基本功和朱家药堂的绝技。

1931年—1934年　16～19岁
随御医孙景泰老先生开始医药兼修的学习生涯，修得一身硬功夫（医学专业的功夫）和软功夫（医学之外的人文修养）。

1938年　23岁
形成早期的小众患者群；是年中秋与周氏结婚。

1939年　24岁
拜著名历史学家、教育家、辅仁大学校长陈垣先生为师，并顺利通过辅仁大学入学考试，由表兄马江资助学费，在清苦的条件下学习。

1939年—1941年　24～26岁
在辅仁大学读书期间，随德国外科医生"老郎"学习德语和生理解剖等西医的一些基础知识；在家中开设门诊为人看病。

1940年　25岁
长女出生，因贫血不幸夭折，但具体病因诊断不明确。

1941年5月　26岁
结识中医前辈安幹青先生，在其支持、引荐下，辅仁大学肄业后，随施今墨先生抄方。

1941年5月—1947年　26～32岁
拜达儒名医朱壶山先生为师。每日上午跟施先生门诊抄方，下午或晚间跟随朱老师学习《伤寒论》《金匮要略》《血证论》等典籍。

1941年8月16日　26岁
正式拜施今墨先生、安幹青先生、朱壶山先生、寿石工先生、张文修先生为师，从此走上一人多师之路。

1941年—1945年　26～30岁
结识富雪厂老师，富师将数十年应诊心得悉数传授；并在北京四大名医之萧龙友先生的引荐下，获擅治急性热病的杨绳武老师四十年经验亲传。

1942年　28岁
长子出生，因贫血不幸早夭。

1943年　29岁
师兄祝谌予先生留学归国，在学习中西医临床问题、日语等方面提供其大量帮助，二人结下深厚友谊。

1945年—1947年　30～32岁
华北国医学院毕业后留校教授《分类实用药物学》。

1945年春　30岁
在东北园家中挂牌应诊；再得一女，亦因贫血不幸早夭。

1948年12月　33岁
结识西医大家张孝骞先生，开始探求中西医汇通之路。
第三女出生，疑为"ABO"溶血，条件所限未能挽救过来。

1950年　35岁
在张孝骞老师的指导下，探索溶血病因，第五胎营养状况明显改善，但仍渐贫血，最终六岁夭折。

1954年3月1日　39岁
迎来第六个孩子薛福玉（即作者，现任杏园金方国医医院院长）。

1957年　42岁
被打成"右派"，全家被遣送至顺义衙门村进行劳动改造。

1958年夏　43岁
在农村结识御厨出身，现为"杆上的"的秦先生，受其影响和环境条件所限，形成方小剂轻的治病风格。同年秋，被分配至密云水库修库两年，在高强度的劳动之余完成《五诊要诀》著述。

1964年　49岁
在"四清运动"中成为受迫害对象，再次受到打击。

1966年—1976年　51～61岁
"文革"后期，指示其子薛福玉开始收集整理师门散落的资料。

1968年夏　53岁
携子薛福玉拜访祝谌予先生，请求收其子于祝师门下；次年，薛福玉正式拜师。

1969年　54岁
凭记忆开始默写"文革"中被抄走的医学典籍，十二年不辍。

1975年　60岁
摘掉"反革命"帽子；花甲之年终得渐趋安稳的生活。

1981年　66岁
因有正规院校的学历，在北京地区个体开业行医首批申请者中获得医字第1号的执照。

1986年8月17日　71岁
与师兄祝谌予先生协助其子薛福玉创办中西医专家门诊部（杏园金方国医医院前身）。

1988年2月25日　73岁
与师友发起成立施今墨医药学术研究中心。

1988年农历十二月二十四　73岁
爱妻周氏去世，享年75岁；在亲情环绕中度过心灵孤苦期。

1998年　83岁
患老年性黄斑变性，在家人陪伴下安享晚年生活。

1999年11月　84岁
出现一过性脑缺血症状，及时治疗后恢复如初，但体质大不如前。

2000年7月23日　85岁
安然辞世。